悦阅

YUEYUE

评头论足

误解的价值所在

Judged

The Value of Being Misunderstood

[英] 齐亚德·马尔（Ziyad Marar） 著
陈宇飞 译

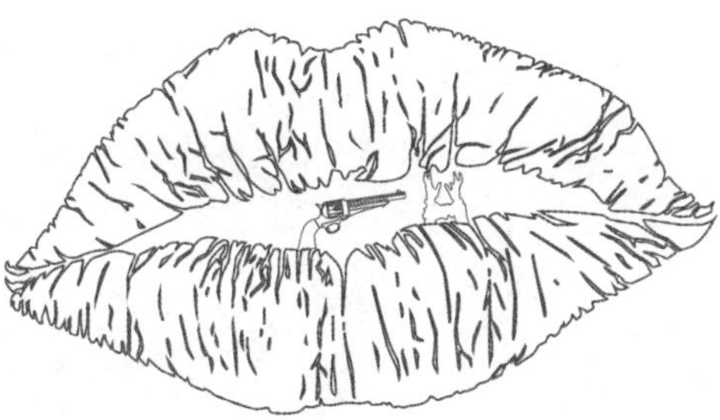

北京燕山出版社
BEIJING YANSHAN PRESS

献给我的父母和兄弟姐妹
凯西、内尔、杰恩和利思·马尔
从贝鲁特到珀利，你们一路与我同行

目　录 | Contents

绪 论

Introduction

你是不是看到封面就给这本书定了调子？吸引你的是 1
书名还是副标题呢？此刻面对这些文字，你是被我开门见山的开场白吊起了胃口，还是萌生退意了呢？现在想来，这一切还真是复杂。不过，我在写作本书的时候，已经意识到不同的读者可能需求各异，也深知众口难调。

你在评判我吗？这个自带几分火药味的问句很能说明问题。我的语气里透着懊恼和指责，仿佛我在用一种武断的口吻说：“别这么武断！”“武断”怎么听都不像好话，不是吗？毕竟，我不会在掌声或赞扬之后说出它来。相比之下，那些更加积极的评价就没这么大的冲击力。看来，只要是论断他人，批总是比赞的分量重得多。[1]

给你扣上“武断”的帽子其实是我的一种防御性举
动：指责你在批评我，然后要你把话说清楚。“你在评判我 2
吗？”这个问题充满了担心被人审视和暴露缺陷的不安，

它促使我反守为攻地对你进行评判。我的潜台词其实是你的地位和我孰高孰低，我的行为和你有什么关系："你以为你是谁呀？！"

话虽如此，可我究竟有没有希望你停止评判我呢？无疑，在彼时彼刻，我的确希望如此。我想避免负面评价，所以我希望你就此打住。当我们自感暴露在他人苛刻的目光之下，希望逃避外界的审视时，我们会转而使用相对安全的说法，比如"宽人如己""人各有异"。

然而，彻底逃避一切评判无异于痴人说梦。没有外界的评价，何来生活的意义？批评是幸福的必要条件。没有批评的生活，就和拆掉网子打网球无异。在许多层面上，他人对于我们的生存都是必不可少的。他们是快乐、物资和信息的来源。最重要的是，他们塑造了我们的自我形象和自尊。他人的评判虽然有时令人痛苦，却也恰是意义的来源，是我们自感得到应有待遇的必要途径。健全的自我意识只能反映在他人——那些我们重视其意见的人眼中，无论他们是双亲、友人、同事还是其他观众。

更何况，除了令人不快、有失偏颇的批判性评价，我们仍然有望获得较为友善的评价。雷蒙德·卡佛（Raymond Carver）在生前所作的最后一首诗《临终断章》（*Late Fragment*）中总结道，他得到了此生想要的东西，那就是：

在尘世自诩为人所爱，
亦自觉为人所爱。

和卡佛一样，我们都希望自己为人所爱，或者至少为
人钦佩，受人尊重或得到认可。因此，我们真正想要却不 3
能要求的待遇，其实是被人**善加**评判。我之所以不能要求如此，是因为这个愿望之中暗含着一丝脆弱的隐衷：我不想被你看出我**只想听好话**。毕竟，我不需要你的施舍、同情，也不希望你变成一个牵线木偶，或者仅仅是预先录好的掌声。我们想得到好评，承认这一点之所以很难，是因为我们既想企及那种幸福的状态，又不想被人看到自己数数然的样子。

精神分析学家莱斯利·法伯（Leslie Farber）[2]曾描述过我们如何试图用意志去影响那些不以意志为转移的事情：我们可以刻意学习知识，但不能刻意获得智慧；我们可以刻意去上床睡觉，但不能刻意睡着；可以刻意去吃饭，但不能刻意感到饥饿；可以刻意顺从，但不能刻意谦卑……他举的例子已经令人芒刺在背了，而我们要谈的情况还要更糟。即便我们能够刻意获得好评，那种情况下得到的评价也不值得拥有。如果没有相伴而来的恶评风险，好评就失去了价值。所谓值得拥有的评价，只有夹杂着惨败的可能性，才有分量。正因如此，我们才会从骨子里对

其爱恨交加，往往自欺欺人地掩饰自己对它的需要。我的问题也正是因此才透着几分火药味。

这里的“评判”，是指我们以不同形式对彼此做出的社会和道德评判，主要是对另一个人的性格或行为，包括外表和地位的评价（尤其是他们的能力或动机）。这类相互予受的看法充斥着我们的互动，无论是通过几乎察觉不到的
4 退缩和直觉，还是通过更有意识的评估——它们时而负面，时而正面，但终归都是评判。在本书中我将探讨这种必要的能力为何往往是片面、矛盾、自私和扭曲的，又为何因此存在个体差异。我还将揭示，这种不可靠性不仅存在于我们的自我评价里，也存在于我们的相互评价之中。

评判的不可靠性确保了我们对彼此的理解同等有限，这便是没人能够真正理解你的原因所在。本书用了相当大的篇幅来探究我们彼此了解的极限，以及我们大多数人在大部分时间里都能体验到的无闻感、孤独感和其他感受。

在我将近十岁的时候，我们全家从贝鲁特搬到了伦敦南部的珀利。1975 年黎巴嫩内战爆发后，我们离开了故国，前往克罗伊登，在我母亲的双亲家附近安顿下来。我们在英国度过的第一个夏天便遭遇了 1976 年著名的高温干旱天气。那时的气温高达 30 多度，而且人们只能定量用水。在一个其他方面都很陌生的异国，一个人人都只穿一条短裤的国度，这一切至少给了我们（我的兄弟姐妹和我）一个

相对熟悉的环境。我们都在以各自的方式适应调整期的阵痛：我的约旦籍父亲不仅要应对“英国中层管理人员”的怪癖，还要往返于英国和中东地区工作；我的母亲已经侨居十五年了，现在要回国给我们寻找学校和住处。我们的小学和我们位于珀利的家都在同一条路上，所以至少上学还算方便。不过，这仍然是一段令人无所适从的经历。个中缘由从这件小事便可见一斑：老师们见我的中间名是基督教名字，就决定叫我保罗，而我在一年多的时间里都没有勇气去纠正他们。

记得某天下午，我拿到数学考试的成绩后，发现自己得了 9 分（满分 10 分）。我本该为此高兴才对。可不幸的是，我丢掉那一分竟然不是因为写错了答案，而是因为答案是用阿拉伯语写的。答案是“6”，可阿拉伯语的“6”和英语的“7”几乎一模一样。这件事我没有听之任之，而是决定在上课时向老师反映。孰料，腼腆的我却不敢举手发言。我仍然记得那一幕：我走到教室前面，俯身用耳语对他如实相告。他用难以置信的眼神看着我，显然以为我想作弊。我尴尬不已，一边拖着步子走回座位，一边忍受着老师不实的指责。周围传来阵阵窃笑，羞得我耳朵都发红了。这件事突出体现了我置身这方新天地的疏离感，可谓吃一堑长一智。作家兼心理治疗师亚当·菲利普斯（Adam Phillips）在他的《一夫一妻》（*Monogamy*）一书中对其中的教训做了很好的阐释。

> 我们不遗余力地把自己的某些特定版本留在别人的脑海里。当然，也不遗余力地把那些不怎么吸引人的版本从他们的脑海里抹去。然而，无论我们喜欢与否，我们邂逅的每一个人其实都在杜撰我们。实际上，没有什么比他人对我们言论的理解更能让我们相信他人的存在，相信彼此有多么不同了。我们的故事经过口口相传后，往往变得面目全非。
>
> 6 一言以蔽之，被曲解就是被他人以一个我们无法苟同的版本——或者说杜撰的形象——呈现出来。[3]

数学考试的小插曲恰好属于这种误解，而且此后一直伴随着我。哪怕我的事迹已经被歪曲到了连我自己都认不出来的地步，我还是内化了足够多的批评，乃至于严厉地责备自己小题大做，不该愚蠢地从座位上站起来。多么可悲！谢天谢地，如此历历在目的事例并不算多。然而，在更为庸常的层面上，误评、误解和误认的情况却极其普遍。轻微的各说各话、彼此不符的臆断、私欲、社交失误……这一切共同织就了一张误解的大网，将我们隐藏和孤立于自己的日常生活之中。在我看来，这些误评和误解的经历，即便只是轻描淡写，也终归是反映了人性的一个核心特征。

尽管这一观点发人深省，但我在后文里将要阐述的却是：关于评判的故事并非总是凄凉无望，误解之中也可以产生鼓舞人心的东西。事实上，你我对彼此了解程度的差异往往为自由发挥提供了空间，让我们变化多端的自我得以发展和成长。而了解太多反而会给人幽闭恐惧、毫无悬念和乏善可陈之感。正如莱昂纳德·科恩（Leonard Cohen）在他的歌曲《颂歌》（*Anthem*）的副歌部分所言，并且为本书的封面所呼应的那样[(1)]：

> 忘却你那完美的供奉
> 万物皆有裂缝
> 这样光才能进来。

数码时代的评判

Judging in the digital age

近年来，评判的图景变得比以往更加复杂了。这一点 7

(1) 英文原著的封面是一道有裂缝的墙壁，透过墙壁可看见外面的蓝天，故有此一说。

只用看看我们在网上表达自我花了多少时间和精力便可知一二。那些认为我们对屏幕上瘾，已经变得反社会的人可谓完全搞反了状况。正如我的女儿安娜在听到我抱怨时提醒的那样："爸，它的名字就叫**社交**媒体呀"。我们通过数码镜头展示自我，看似与日常生活隔绝开来，实际上反而被锁定在了由他人构成的网络中。在这个网络里，我们之于他人的形象将被他们用一种高强度的方式交流和评估。这一点并不总是显而易见。以这种方式交流，我们可能会专注于联系、关系和信息收集，但往往要求自己回避一个事实：网上表演正是为了博得他人的好评而刻意为之，而他人也会回以同样煞费苦心的表演，进而共同创造出一个由相互影响、寄予希望且自我敏感的虚像组成的镜子屋。然而，当你有了一扇窗户，可以从中窥见一个人人都以最佳形象示人的世界时，你将很难对自己感觉良好。

自我伤害和在线欺凌的比例不断上升，自拍、八卦的日常传播以及"照片墙""色拉布"等社交应用的发展壮大都可反映出自尊在这种媒介里的损益。当然，对于那些还没发现互联网上没有"删除"键的人来说，这可能意味着潜在的恶果：他们也许会说出和秀出让自己后悔的东西。

8 我们的文化已经被种种新的交流方式渗透得如此之深，以至于我们再也不会对十年前可能会让人惊得目瞪口呆的数字感到震惊了："脸书"上的20亿人每天消费总时长相当于 500 年的视频；每分钟产生 35 万条“推文”，每天撰写 6.5 亿篇博客。这一切都附带着可供度量比较的指标。你可以直观地计算一个人有多少好友，发帖得了多少“赞”，拥有多少关注者和订阅者，乃至在“推特网”和“汤博乐”上的转发量和“油管”上的浏览量。尽管我们嘴上说这种简单化的成功衡量标准并无意义，但它们很可能会对大多数人的行为产生某种扭曲效应。例如，下车的时候，系统会请你用五星评级的方式给“优步”司机打分——别忘了，他们也在给你打分。查理·布鲁克（Charlie Brooker）的《黑镜》（*Black Mirror*）在第三季第一集中把这种相互打分变成了一个辛辣讽刺的反乌托邦。在那个反乌托邦里，分数不断变化、且分数人人可见者一旦降到 4.2 分以下就会惶惶不可终日，因为届时他们获得高档商品的资格将会受限。而那些不幸跌至 2 分以下的人更是无异于被贬为贱民。该剧之所以震撼人心，在于它反映了这一现实：基于数码中介的社会评判已经迅速成为当代生活的一部分，而且无处不在。

就拿推特来说吧。谁能问心无愧地说不知道自己有多少关注者？每当看到新的关注者或转发者出现在那个名为“通知”的蓝色小标志下时，谁的心里不会感到一丝满足？ 9
谁能在发推时毫不关心它的反响如何？毕竟，如果你不希望得到关注和认可，干吗要发推呢？可以说，每分钟 35 万条推文加起来，每天就有超过5亿条“求关注”的信息。

我们个个都成了广播员，而且现在只需轻点一个按键，就能将信息传递给大量受众，影响力足以令几年前的一切非传媒人士望尘莫及。结果便是，一旦我们言行有失，外界的评判也来得迅猛得多，而且通过数码镜头的折射，这些评判的剧烈程度将会被放大。显然，如果有人认为互联网是一方可以表达真我的私密之地，那就彻头彻尾地错了。英国国会议员艾米莉·索恩伯里（Emily Thornberry）曾经发过一条推文，其中有张照片展示了罗彻斯特的一幢房子外挂着三面英格兰国旗。此举一出，立即招致严厉的批评，因为人们认为她对爱国的工薪阶层选民发出了明显的嘲笑。

最终，她在几天后辞去了“影子司法部”部长的职务。

如今，不明智的言论甚至可以顷刻间在推特上掀起一场席卷全球的风暴，诺贝尔奖得主蒂姆·亨特（Tim Hunt）便有过类似的经历。亨特曾在韩国举行的一次会议上发表性别歧视言论，结果短短数日后他的职业生涯就终结了。

乔恩·龙森（Jon Ronson）的书《千夫所指》（*So You've Been Publicy Shamed*）梳理了许多推特用户的案例，他们因为出言不慎，遭到了同自身“罪行”不成比例的惩罚。数码世界或许强化了我们评判和被评判的可能性，但它并没有创造这种需求，只是满足了古已有之的欲望而已。正如今日随处可见的廉价快餐满足了我们自古以来进化出

的对糖和脂肪的欲望一样，我们现在能够通过各种机制， 10
在前所未有的规模上满足我们对给予和接受社会评判的深切渴望。

最近我被一个简单的问题难住了。一个生活在艰苦条件下的津巴布韦人问：“为什么西方人会自杀？”这个问题实际上问的是：尽管世界上如此之多的人仍然面临着深重的贫困，但相关问题已经在很大程度上得到了解决，为什么这时反而有人活不下去了？尽管我们的文化鼓励我们追求奢侈品，但我们也深知消费欲和物质需要的满足并不意味着真正的终极满足。这番言论让人不禁反思起那些关于自己和他人的比较，以及我们判断自己相形见绌的标准。我们在这种比较之上对自身施加的内在评判，往往是我们面临的最严厉的批评。在审视和评判他人的生活时，我们可以借鉴这些审视和评判来评价自己的生活，进而让自己脑补出他人对我们的评价。这反过来会导致这些结论内化，而且往往让人夸大自身的不足，以至于感到人生一无是处。

某些乐观的假设认为，当我们的需求从最原始的食物、衣服和住所上升到更抽象的自尊和认同的范畴时（正如马斯洛［Maslow］的需求金字塔[4]所示），需求就会变得更有选择性，但实际情况与之相去甚远。无论生理舒适度如何，我们对于从外界获得应有待遇的需求，都和那些较低层面上的需求一样深切。

塞缪尔·约翰逊（Samuel Johnson）的这番见解听来未
免让人心酸：“每个人，无论在别人看来自命不凡到多么无
11 可救药，都有某种他希冀借以成名的计划，某种他想象会
让世界瞩目的技艺。”之所以让人心酸，是因为我们可以怀
有这样的期望，却不能保证如愿以偿。也因为我们期盼来
的可能是严厉的批评，甚至是更糟的待遇——冷漠。玻璃
心的希冀者被无情地置于一套简单粗暴的字眼之下，成了
所谓“杂鱼”，而非“人物”，更不用说“大人物”了。

同经济资源和其他资源一样，我们对他人的评判也分配得非常不均衡。有的人富得流油，充满了认可、掌声、善意、信任和名望；有的人一贫如洗，连一个好词都得不到。如果这种好评的分配不均是建立在一套接近公平合理的评估方法之上，那就已经够糟的了——奉行“盲目正义”的法院即便不是这一理念的实际体现，也可谓是它的象征。最糟的是，正如我将在后文详加探讨的那样，我们日常所做的评判不仅分配不均，而且漏洞百出，因为它们是由人与人之间自私、虚伪和扭曲的见解驱动的。

这种分配不均与其他类型的不平等密切相关。近来报纸上有文章谈到中产阶级如何为子女创造所谓玻璃地板，即无论子女是否缺乏智力或其他方面的优点，中产父母都有足够的资源来确保他们的人生成就和预期不会低于某一底线。个中关键就在于他们有机会增加子女对世界的信心，

也就是他们为获得好评而做的准备。正如观察敏锐的社会学家欧文·戈夫曼（Erving Goffman）在五十多年前评论的那样：

> 从一个重要的意义上说，在美国只有一种男 12
> 人完全不必羞愧：一位年轻、已婚、白种、来自北方城市的异性恋新教徒父亲，他不但拥有大学学历，全职工作，良好的气色、体重和身高，而且最近有运动记录……任何不符合这些条件的男性都有可能认为自己——至少在某些时候——无价值，有缺陷，或者低人一等。[5]

按照这一说法，绝大多数人都以某种方式被污名化了。用戈夫曼的话来说，就是他们拥有所谓的“受损身份”。我不认为这种不平等会比其他困扰我们社会的、根深蒂固的不公更易于改变，但是探索社会评判的奇怪结构可能会带来某些益处，至少可以让我们避免其中的若干陷阱。因此，在这本书中，我想探索日常社会评判背后的机制，从而更好地理解那些尽管令人不快，却似乎被人们认为理所当然的后果。其中之一便是：由于在意他人无法真正理解我们，我们会感到孤立。

评论某一论断自然要讲究证据，而这里的证据通常是指科学证据。论据和论点是支持一项主张不可或缺的要素。正是得益于这一科学原则，我们才能鉴别什么是切实有效
13 的药物，什么是心诚则灵的魔法，才能判定什么样的桥梁能够承受交通压力，什么样的桥梁不堪其重。但这些都是相对“乖”的问题。对于那些不怎么“乖”且更为复杂的现象，科学方法并不总是能够提供令人满意的解释。相比之下，我们在社会生活中关注的许多问题都具有“顽题（wicked problems）”的特征。“顽题”是一个术语，用来描述没有对错答案（尽管我们希望答案有优劣之分）的问题。顽题通常内嵌于特定情境之中，无法轻易地供人推而广之。其中的深层原因错综复杂，根据参照系的不同，具体的鉴别方式可能千差万别。

我们这个时代的许多重大社会关切，如不平等、良好的人际关系、称心如意的工作或总体幸福感，都属于顽题之列。如果你想理解不幸的家庭为何各有各的不幸（借用托尔斯泰在《安娜·卡列尼娜》[*Anna Karenina*] 的开篇所言），相关论据的来源和论点的性质就得比实验科学的界限宽泛得多。

我对评判的看法也是如此。无疑，不管是我们与评判的矛盾关系，我们往往偏颇无理的部署机制，还是我们试图逃避这种审视的先天不足的妄想，皆能借助实验心理学的研究来明了。在整本书中，我都会援引此类研究。但与此同时，我也会用到那些从哲学、精神分析学、人类学、社会学以及其他人类知识、流行文化和文学的深邃宝库中采撷到的更为定性的见解。

否认这一点，就如同醉汉找钥匙。一个醉汉在夜里离 14
开酒吧，去停车场找车。走到半路，他忽然意识到钥匙不见了，于是又到最近的路灯柱下面找钥匙。一名旁观的女警决定帮他，徒劳地忙了几分钟后，女警不禁问醉汉到底是不是在那里丢了钥匙。醉汉指着周围黑暗之中的一块地方回答说："不，是在那里丢的。"女警纳闷不已："既然你在那里丢了钥匙，为什么到这里来找呢？"那人回答："哦，因为这里光线好呀。"在研究某种现象的时候，人们难免会过度寻找确定因素，哪怕它们不在可供获取的范围之列。这种倾向就是"路灯效应"，即不依赖那些更能揭示问题但更难细究的因素，转而依赖更可衡量的因素。然而，顽题往往需要我们窥视黑暗。

不过，实验心理学家的确可以帮助我们看到人性的某些特征。这些特征概括了人类的整体经历，而且还通过让这些日常错觉在周遭世界中上演来阐明这一点。它们让人想象一块石头从飞机上掉下来，猜它落在哪里。通过展示我们的猜测（正下方）和现实（前方数英里外——因为我们忽略了飞机移动速度如此之快的事实）之间的差距，它们可以巧妙地揭示那些影响我们世界观的偏见和成见。然而，在寻找这些共同特征时，我们很容易忽视作为个体的自己日常遭遇的特殊经历。极端社会化的动物会以既有的
15 评判换取新的评判，因为声誉的重要性高于一切。但是此类评判的特定经历与具体情境高度相关，乃至专属于所讨论的背景。为了深入了解它们，就有必要审视那些在特定情境下讲述特定故事的电影、小说及其他形式的流行文化。在了解建立声誉需要涉及的选择时，热门连续剧《绝命毒师》（*Breaking Bad*）里沃尔特·怀特（Walter White）引人注目的具体故事或许和那些可以推而广之的实验数据同等重要。正如心理学家丹·麦克亚当斯（Dan McAdams）所言：“作为艺术家，我们每个人都塑造了一种独一无二、自我肯定的生活。作为科学家，我们会留意自己创造的生活与某些其他的生活多么相像，会发现相似点、规律和趋势。”心理学侧重共性，故而倾向于归并，而文学倾向于拆分。

本着多层次研究方法的精神，我利用这些不同的来源构建了一幅图景。我希望它能更加忠实地反映复杂、“顽皮”的现实，而非仅仅将其简化为可以在实验室里确定的东西。

另一方面，我也希望这种多样化探究能给你的阅读体验增添乐趣，证明你当初选择本书时所做的评判是正确的。

在开篇部分，我将带你游历一番我们身处的社会雷区。当我们在重重陈规和期望之间蹑手蹑脚地穿行时，遭人恶评的威胁时刻折磨着我们，使我们暴露在形式多样的社会性疼痛之中。对于尴尬、出丑和犯错的焦虑同羞耻感相伴而行，它们用种种影响深远的方式监督着我们的行为，引导我们设法用掩饰言行的方式来应对。只有具备一定的技能和知识方可在这方面做得够好，而相关技能和知识的分 16
布因人而异。我们大多数人都介于得心应手和左支右绌之间，一路上不得不使出浑身解数对印象进行微观管理。

离开印象管理的微观分析，把视野逐渐放大，你将看到声誉随着时间起伏涨落的过程。这正是第二章的主题。声誉是社会动物能够积累的最有价值的资产之一。这尤其在于，最好的名声需要驾驭一种看似不可能的平衡：既要给人积极进取的印象，又要让人觉得能干或娴熟。简而言之，既守道德，又有能力。不过，谁也无法独自扬名立万。这一点自不必说。无论是守德还是能干，都得落在旁人眼里。

不幸的是，旁观者的眼光并不可靠。这是第三章的主题。关于我们互相给予社会和道德评判的经验教训是发人深省的。我们充满了隐而不宣的偏见、道德反感和鄙夷之情，还有自私而虚伪的评判，而这一切都打上了我们信奉的集体忠诚的烙印。近年来的社会心理学和道德心理学研究揭示了此类倾向的程度，我将在本章中详加探讨。无论我们如何说服自己从公正和中立的角度来看待这些评判，我们对彼此的评判都与公正和中立相去甚远。

可以想见，被这些评判压得喘不过气的我们自然会心生幻想，妄图摆脱评判和被评判的诅咒，独立而真实地生
17 活。很多人都认同拉·罗什富科（La Rochefoucauld）的这番评论："如果我们让自己的声望和美名受制于他人的评判……仅仅是为了让他们做出有利于我们的决定，那我们就让个人的内心安宁和生活方式陷入了无尽的危险之中。"当我们窥见某些观众具有令人不快的潜能，在他们的批评面前望而却步时，我们会幻想着逃离。因此，颠覆传统的人、离经叛道的人、独树一帜的人，无论他们多么虚幻，都是自由理想的典范。有的时候，我们会为了寻觅一个更简单的自我形象而求诸自身的动物性：毛克利（Mowgli）和人猿泰山（Tarzan）即是这样的产物。有的时候，我们又求诸艺术家的独创性，看他们用看似真正意义上的自主将一切复杂化，从而走出日常生活的喧嚣。这些逃避艺术家将向我们展示无拘无束的自我是何种面貌，也就是第四章的主题。此外，菲利普·罗斯（Philip Roth）用作品《人性的污点》（*The Human Stain*）中的主角科尔曼·希尔克

（Coleman Silk）为我们提供了一个拓展的例子，让我们感受这种对自由的追求可能会是什么状态，而这种尝试又有多么令人担忧。

最后一章“盖棺定论”讲的是我们的生活如何受到全方位无死角的评判。讣告和传记电影很好地示范了如何对已经落幕但尚未盖棺定论的人生做出总结。不过，我们知道这类故事和它们的主人总是有所出入。为了让人生历程在某种程度上前后一致，它们必然会对实际情况加以扭曲，根据需要揭露或隐瞒。同样，严肃文学虽然可以对生活的质地进行更加微妙的观察，免于寻常讲故事过程中那些最粗糙的扭曲和揭底，却无法完全避开它们。毕竟，没有全然不被扭曲的视角，也没有真正中立的立场来讲述一个始终如一的人生故事。即便有的话，偏颇和恶意，乃至纯粹 18
的纷乱和混淆，仍然会阴魂不散，确保人生故事永远不会以全貌示人，我们永远不会被真正理解。歪曲的叙述总比什么都没有要好，它是让人感到活着有意义的核心要素。

直到我在给本书收尾时，我才意识到它实际上跟我的上一本书《亲密：理解人际关系的微妙力量》（*Intimacy: Understanding the Subtle Power of Human Connection*）形成了对比。正如副标题所示，上部作品探索了我们对一种难以捉摸的感觉的需求，这种感觉就是懂得他人并为他人所懂，就是破解孤独的良药——亲密感。我在那本书中指出，我们渴望被理解，哪怕这种感觉难以捉摸，不堪一击，稍纵即逝，并且常常被那些怀揣着一丝建立联系的希望，结果却相去甚远的痛苦尝试所笼罩。这本书则探讨了另一个事实，那就是大多数时候我们并没有体验到亲密感。实际上，我们生活的世界充满了各种先天不足的评判，我们既是评判的给予者又是评判的接受者，谁也无法幸免。尽管如此，评判仍然对我们十分重要。因为没有它们，我们将难以获得生活的意义。无奈它们往往是偏颇、自私、虚伪和怠慢的，或者为彼此变化多端的社会自我所阻碍。我们或许想得到关注和认可，但大多数时候，彼此看到的只是故事的一部分，而且这些片面的内容往往还遭到了歪曲。如果有人认为真相就藏在其中，只待揭晓，那就错了。我们也许会戴着面纱跳舞，但并不能就此认为表象之下会有某种始终如一的现实勾勒出真我，也不能就此认为我们呈现给世人的那个衣冠楚楚的自我有些虚假。

19 我们被各种微妙、矛盾、无意识的思虑重重包围着，竟然已经对不断的误解和误认见怪不怪了。没有人真正理解我们，这一点似乎难以想象。直到我们意识到，大多数时候，这其实是我们共同的命运。毕竟，我们连自己都不太懂。

第一章
社交雷区
The social minefield

两年前，我的女儿夏洛特在回答问卷时给了我一个 21
惊喜。那时暑假行将结束，新学年尚未开始，正好可以对孩子们的总体情况做个评估。夏洛特和她的姐妹们当时正在填一份年度调查问卷，那份问卷旨在追踪调查对象的逐年变化，题目涵盖了生活的方方面面，比如：你的朋友是谁？你喜欢什么音乐？你会给刚上中学时的自己提出什么建议呢？大多数问题都引出了似曾相识的答案，只有一个例外。在回答“你最想拥有什么超能力”这个问题时，夏洛特没有选择飞行、读心或大力神的力量，而是说想有能力消除让人尴尬的场面。

我经常对“尴尬”这个词的诡秘力量感到惊讶。即便我们淡化它的重要性，它还是无意间影响了许多的邂逅。就连那些在社交场合中相对自在的人也清楚尴尬的威胁，因为尴尬是人与人之间的产物。别人不配合，你就不可能完全依

22 靠精心磨炼的社交技巧来避免脸红。想想看，你和一个友好的同事打招呼时该握手，亲吻（两下，还是三下？），还是拥抱？如果你觉得火车上的某个人可能是孕妇（但又拿不准），或者年纪大了，体力不支，你会让座吗？这不仅仅取决于你个人的判断。我们喜闻乐见的那种顺利的人际互动只能在人和人之间实现，而且不以任何个人的意志为转移。正因如此，欧文·戈夫曼才在他的《互动仪式》（*Interaction Ritual*）一书中说，似乎任何社交场合都有可能让一个或多个参与者感到为难，从而引发有时被称为“出洋相”或“掉链子”的情形。

社会性疼痛

Social Pain

为了克服看起来如此微不足道的担忧，竟然要动用超能力，这一点未免让人匪夷所思。毕竟，从表面上看，“哎呀，怪不好意思的”这种表达很难让人产生恐惧和焦虑。我不禁想起了某次请一群同事共进午餐时自己进退两难的窘态。当我和他们一起走向一扇门时，我竟然犯难了。我该怎么做？是等别人都过去后才过去——即便这意味着与人群中有同样想法的人因为互相礼让而乱成一团——还是走上前去替大家把门，同时尽量让自己在这个后骑士时代免于居高临下或性别歧视之嫌？做错了又有什么危险呢？

其实也没什么，只是我怀疑自己可能会稍稍或隐隐地遭人非议罢了。本书立论的前提便是：哪怕我们大多数时候都能甩开关于尴尬的庸人自扰，我们还是对他人的评判非常在意。在某些极端的例子里，我们对评判的敏感甚至会溢于言表，具体情况我将在后文详述。然而，尴尬之所以强大，恰恰是因为它能在更为平淡无奇的日常场景中引发这种倾向。文学评论家詹姆斯·伍德（James Wood）在另一个完全不同的语境下评论说，有些作家只用一个巧妙的短语就可以轻易地让一个角色“在线”。他举的例子出自居伊·德·莫泊桑（Guy de Maupassant）的一篇故事，不仅信息量大，而且十分切题：“他是一位有着红色络腮胡的绅士，总是第一个走过门口。”[2] 这番描写毫不费力就展示了很多东西，堪称神来之笔。作者在怂恿我们对这个角色做一个快速但近乎草率的评判。他不仅用一句话就“打发”了他，同时还让我们这些读者看到，原来我们给人物上起色来是如此神不知鬼不觉——足以和任何讽刺作家媲美。我们要是知道自己这么不小心就暴露出来，别人会作何想。所以无怪乎我总是得想办法巧计脱身，哪怕在生活中的许多层面上，直接走过那扇门反倒更容易。

可见尴尬并不像表面看来那样无足轻重，它其实隐藏着相当令人不安的分量。当你听到有人“尴尬地摔倒”时，你会不由自主地脸上一紧，准备面对木已成舟的伤害。在社交场合，尴尬是事情出错的警告信号，通常意味着有人要失误了。它的作用相当于敲响警钟。如果你容易陷入尴尬境地，就有被人判断为不善社交，从而遭到排斥和孤立的风险。作为社会动物，我们知道这种排斥会造成严重的
24 社会性疼痛，它和生理性疼痛非常接近。[3]有些时候，这种疼痛甚至比生理性疼痛更糟。现实情况往往同“棍棒和石头可以打断我的骨头，但是言语永远伤不了我”这句励志俗语表达的不屑姿态正好相反。当人们被要求回忆生命中最痛苦的经历时，首先想到的难道是身体的疼痛吗？

社交雷区布满了各种可能引发社会性疼痛的风险。在解释人们的行为方式以及在不同环境下的行为禁忌时，我们很容易把注意力集中在正式的法律和规则上。然而大多数时候，根本轮不到法规和禁令限制和指导我们的行为。更深层的行为塑造者来自支配我们文化的隐性规范，而这些规范是通过社会评判而制定的。推特上的挑衅者和社交媒体引发的流言蜚语是这一现象的放大版，但是在数码回音室之外的日常生活中，我们则要时刻防范，避免犯错，避免让自己暴露在批判的目光之下。

我们大可想象一个人人得以摆脱评判的世界（我将在第四章探讨），只是别忘了观众的无声力量。他们可能不会

每天都彰显权威，但是他们一直在观察着，并且影响着我们能做什么，不能做什么。记者奥利弗·伯克曼（Oliver Burkeman）在他的著作《解药》（*The Antidote*）中写道，他曾刻意要求自己直面对于尴尬的恐惧。此前，他一直在研究斯多葛学派的哲学，以及他们经常宣称的对他人的评判无动于衷的能力。于是，为了达到这种程度的自我控制，他决定在拥挤的地铁上大声报出每一个到达的站点。无疑， 25
正如他所指出的那样，他的担忧与逻辑背道而驰：

> 毕竟，我不认识车厢里的任何人，所以就算他们以为我疯了，我也没什么好损失的。另外，我从过去搭乘地铁的经验中知道，如果有人开始大声地自言自语，我会跟其他人一样无视他们；这件事要是发生了，几乎可以肯定是我经历过的最糟糕的事情。那些大声喧哗的人都在胡言乱语，而我要做的却是报站名，几乎可以说是在服务公众。
>
> 那么，为什么——当火车开始慢下来，开始以几乎让人察觉不到的速度缓缓驶向赞善里站时——我却想吐呢？[4]

我们每个人（在不同程度上）都拥有心理学家马克·利

里（Mark Leary）所说的“社会计量器（sociometer）”，[5]它不断地评估着我们是否被社会接受。正因如此，我们的自尊与保持高社会价值密切相关，而尴尬则是表明后者正在衰退的征兆。

尴尬有各种各样的表现形式。因为穿衣不当而**失礼**是社交错误的典型例子。尽管当代强调非正式性，这种尴尬仍然阴魂不散。事实上，随着我们变得越来越随意，选择穿什么反倒变得越来越困难。我参加过的最近几场婚礼都
26 没什么正式着装要求。然而，就像学生们在不穿校服的日子里一样，宾客们最终会比平时更加认真地思考不能穿什么的问题。于是，每场婚礼开始前的那几天里，宾客们总是为了商量出某种让人心安的统一标准而提前通气，冒着密谋滋事之嫌交头接耳。

一种更加令人不安的观点认为，在这类情形下，缺乏明确、协调的礼仪标准可能会加剧某些人的被排斥感。“了解内情”的人可以仗着他们无组织的平均主义放心大胆地表达自我。相对于这些清楚规则的人，尚未进入“内部圈子”的人在这种情况下缺乏足够的机制或指导来帮助他们成功地参与活动。

尴尬并不一定需要出丑或犯错才触发，起因可能仅仅是在意想不到的情况下成为注意力的中心。例如，你在社交活动中与某人交谈，渐渐发现其他人都安静下来了，这

才意识到原来你一直在无意中跟一群人交流。彼时的你不必说任何有争议或不明智的话，自然会感到尴尬。在毫无准备的情况下示人，或者说非自主曝光，便会造成尴尬。这时的我们如同刚刚意识到自身赤裸的亚当和夏娃，无路可逃，恨不得把身体蜷成一团。就像孩子们用手遮脸一样，我们既想被遮掩起来，又想透过指缝窥视，看见外界的情况。躲避眼神接触的人有一种痛苦的倾向，那就是试图在众目睽睽之下遮掩自己，结果反而让自己的无助在旁人眼中暴露无遗。

哪怕仅仅是跟错误的人打交道，也会让人感到尴尬，27
迫使我们采取与所处情境不太相符的行动。正如社会学家威廉·库利（William Cooley）所言：

> 我们羞于在直率的人面前绕弯子，在勇敢的人面前没胆子，在精致的人面前没素质……我们总是想象，并且在想象中考虑另一个心灵的评判。一个人可能会对这个人吹嘘自己的某种行为——比如在交易中玩套路——可是换了另一个对象，他就连承认都会脸红了。[6]

我们这种高度社会化的动物是如此习惯于“另一个心灵的评判”，以至于发展出了一系列社会情绪来指导我们，而其中的某些情绪，比如生理性疼痛，是通过产生对社会性疼痛的厌恶来起作用的。虽然有些情绪——如悲伤、恐惧、喜悦、惊讶和厌恶——可以在小婴儿身上观察到，但更多的社会情绪，如内疚、尴尬、羞耻、嫉妒和骄傲，则出现较晚。[7] 当我们进入社会，小心翼翼地穿行于社会期望和社会评判的雷区时，这些社会情绪将帮助我们在不失体面的情况下，顺利应对各种局面和关系。

关注社会情绪进化过程的进化论者认为，脸红是一个重要的信号——尤其考虑到脸红是一种非自主行为——它表明你不仅意识到了，而且还承认了刚刚的**失礼**。在某些
28 社会群体中，知道谁可以信赖是非常重要的，而此类情绪线索有助于让你成为他人眼中值得信赖的人。尽管看似让人难以接受，但社会情绪之所以发展成了暗示可靠与否的信号，个中关键或许就在于它们既令人痛苦，又难以控制。可以说，社会情绪就是我们的诚意担保人，它们表明我们并非只是在用空话耍心机或打圆场。如果我们不能以这种方式承认和修复我们的尴尬时刻，我们的面子就有可能遭受更加长远的损失。例如，戈夫曼便把“尴尬”恰到好处地形容为一种道歉或安抚的方式，这样做可以让尴尬的人“表明他或她至少因为这一事实而困扰，并且有望下次改正”。[8] 如果你希望展示且高度依赖的形象，在别人的评判里站不住脚，这就会带来羞耻。我们的社会计量器就像

天线一样不断追踪着这种风险，因为我们知道一旦丢面子，后果很严重。

欧文·戈夫曼应该会喜欢伟大的电视喜剧《弗尔蒂旅馆》（*Fawlty Towers*）吧。阅读戈夫曼的作品时，我的脑海里总是浮现出巴兹尔·弗尔蒂（Basil Fawlty）因为他那状况频出的社会计量器而遭的罪。以“美食之夜”那一集为例：巴兹尔决定升级弗尔蒂旅馆的客户体验，所以安排了一场意义重大的晚宴来炫耀他的新厨子。可是当天晚上（为此他还特意在高大上的《马与猎犬》[*Horse and Hound*]杂志上登广告，明确表示“下等人恕不接纳”），他那自命不凡的虚架子却屡屡受挫：巴兹尔虽然自认为在尊贵的来宾面前应该展现出温文尔雅的形象，但他本人却心有余而力不足。在决定命运的那场晚宴开始前的一幕中，我们可以看到他甚至无法把两对大人物（特怀申［Twychen］夫妇、霍尔［Hall］上校夫妇）介绍给彼此。巴兹尔本来就不 29
确定究竟该念“特怀申”还是“特维申（Twitchen）”，而霍尔上校[1]又有爱抽搐的毛病，恰好在巴兹尔介绍对方的关键时刻突然猛抽了一下，害得巴兹尔走神，忘了介绍的对象姓什么。

就这样，巴兹尔陷入了进退两难的窘境。

---

(1) 此处原文有误，原文说是特怀申先生抽搐了一下，其实剧中是霍尔上校抽搐了一下。

巴兹尔：二位来点开胃酒，边喝边点菜吗？

特怀申先生：那真是太好了。洛蒂？

特怀申夫人：请给我一杯番茄汁。

巴兹尔：特 X 申先生呢？

特怀申先生：我要点番茄汁，谢谢。

巴兹尔：好嘞！哦，上校。霍尔上校和霍尔夫人，请允许我介绍（霍尔上校抽搐了一下）……先生和……太太……你们见过吗？

霍尔上校：不，我们没有。

巴兹尔：是吗？没有。哦，好吧。那您想喝点什么呢？

霍尔夫人：什么？

巴兹尔：喝什么。

霍尔夫人：我没听清（他们的）名字。

巴兹尔：噢，您没听清。真不走运呀。

霍尔上校：好了吗？

巴兹尔：我很好，谢谢。您呢？

霍尔上校：不是这个，我们问的是名字。

巴兹尔：噢，弗尔蒂，巴兹尔·弗尔蒂。

霍尔上校：不是的，他们的名字！

巴兹尔：噢，他们的！非常抱歉！我还以为您在问我的！天啊，真暖和，不是吗？我也想喝一杯。再来一杯雪利酒？

霍尔上校：你到底给不给我们做介绍呀？

巴兹尔：我没有吗？

霍尔上校：没！

巴兹尔：哦。这位是……（一带而过）先生和太太。

霍尔上校：什么？

巴兹尔：呃……（一带而过）先生和太太。（晕倒在地后站起来）对不起，我晕倒了。现在好多了。那我给各位都拿番茄汁好啦。

为了强化羞耻和尴尬的喜剧效果，巴兹尔的对话者（除了可敬的波莉［Polly］(1) 外）都没有做任何事情来帮他解围。在现实生活中，我们只有高度依赖他人的帮助才能免于丢丑，谁要是允许别人如此华丽地失败，我们就会认为他们冷酷无情。

在另一幕中，巴兹尔竟然惊慌失措到连自己的名字都忘了，以至于他的妻子西比尔（Sybil）不得不提醒他。用戈夫曼的话来说，“如果在遭遇突发情况时缺乏判断性的支

(1)　波莉是旅馆的女服务员，在引文这段对话开始前的一幕里，她用各种委婉的方式把厨子喝醉了不能做菜的消息告诉弗尔蒂，结果被后者屡屡误会。但不管怎么说，她都在帮弗尔蒂避免尴尬，所以才会有这里的“可敬”一说。

持，他可能会大吃一惊，不知所措，暂时丧失互动能力。他的仪态和举止有可能动摇、崩溃和瓦解。他可能会感到尴尬和懊恼，羞得无地自容。”

要想在社会交往中取得成功，我们选取的公共线路就必须畅通无阻。否则，一出犯错丢人的喜剧，甚至更糟的情况就会接踵而至。我们把那些不怕此类社交失败的人——比如沙查·巴隆·科恩（Sacha Baron Cohen）扮演的波拉特（Borat）——称为“不要脸的人”。

31 和许多描写尴尬的喜剧一样，巴兹尔的失态之所以特别令人心酸，就在于他的受辱源于相信自己低人一等。这也是贯穿本书的一大主题。社会性疼痛往往与缺乏社会权力有关。如果有权势或有声望的人选取了可能伤及声誉的公共线路，这个过程更是极端得多。正因如此，大家才会在听到老板的蹩脚笑话时发笑。写到这里，我的眼前不禁浮现出自己入境美国时跟移民官员打交道的经历，纵然他们不苟言笑，问题空洞无聊，我也要一副极力讨好的样子。

就实际效果而言，狼狈和尴尬的影响同自身相比简直大得不成比例，但这种影响只是暂时的。只要发生得不是太过频繁，糗事最终都会成为我们日后重述和谈笑的段子。尽管我们通常是以自嘲为代价重述这些经历，但彼时的我们却能享有当初尴尬之时从未有过的叙事控制。

羞耻和内疚

Shame and guilt

在监督我们行为的各种社会情绪中，内疚和羞耻是对社会评判最强烈的反应。比起尴尬，它们更有分量。穿着沾有食物污渍的衬衫到处走，可能会让你脸红，却并不会招致道德评判。当我们面临道德评判之虞时，羞耻和内疚就会随之而来。我们可能会因为尴尬的事件而发笑，但羞 32
耻和内疚却让人笑不起来。

羞耻不同于内疚，尽管这两个词有时被混用来表达指责，比如“你应该为自己这样做感到羞耻”，但只要仔细观察，你就会发现其中微妙的差异。总的来说，羞耻跟丢脸的联系更加紧密，它指的是某些不受个人控制的耻辱暴露在他人的注视之下。羞耻驱使我们躲藏，也就是试图逃离观众并消失。所以我们会说：“真想找个地缝钻进去。”

作家兼研究员布琳·布朗（Brené Brown）在她的 TED 演讲《聆听羞耻》(*Listening to Shame*）中将羞耻描述为对断开联系的恐惧。她说羞耻会让人自问：“难道我身上有什么东西，一旦被人知道或看到了，就会让我失去交往的价值吗？”[9] 她相信这是一种普遍的担忧，还认为那些不愿谈论羞耻的人最终往往会经历更多的羞耻。如果我们拒绝接纳自身的脆弱，转而建起守备森严的自我保护墙，我们最终反而会变得更加脆弱，更易受到影响。“我还不够（ ）”这种想法几乎会困扰处在任何环境下的人，而括号里可供替换的词语无穷无尽：美丽、高大、聪明、高学历、严肃、机智、有创造性、优雅、勇敢、礼貌、放松……为了建立联系，你需要被他人看见，无奈这种对曝光的需求却为羞耻的阴影所笼罩，因为被他人看见就意味着耻辱也会暴露出来——让自己在探照灯、聚光灯或手电筒灼眼的灯光下无处可逃，最终被他人判断为不合格、不合适或者干脆是丑陋的。以这种方式被人看到是痛苦的，它促使我们去掩盖，令我们恨不得钻进地缝。

33 相比之下，内疚无法通过躲藏或掩盖来避免。良心和自我批评的内在声音会告诉你，你没有达到应该达到的标准。羞耻的归咎对象是整个人，或者说罪人，而内疚仅仅针对他们的罪过，因此可以为解决问题提供更多的选项。内疚暗含着自主性和能动性，因为你如果选择以某种方式违规，并且为此受到公正的评判，你还可以再次选择对此做些什么。反观羞耻，更像是对个人控制有限故而也无法修复的事情做一刀切的评判。

我们有时会因为那些并非自己做错的事而感到羞愧，哪怕我们的本意是好的，我们还是觉得丢脸。它与单纯的内疚有所不同，后者是在自知有错的情况下被抓个正着。这些耻辱监督着我们的自我意识。想想看，有些人是不是因为自己外表的某些方面无法隐藏而难堪不已？“它们是与自我价值或人格相关的情绪。然而，当我们纠结于那些羞辱我们的事物时，我们并不会迁怒于自己，而是会厌恶自身的‘丑陋’”。[10]

心理学家琼·普莱斯·唐尼（June Price Tangney）和朗达·L. 迪林（Ronda L. Dearing）在她们的著作《羞耻与内疚》（*Shame and Guilt*）中指出，羞耻情绪下体验到的整个自我都处于遭受攻击的假想之中，它不但会让人的自我价值受挫，渴望隐藏自我，更令人不安的是，还会导致共情能力缺乏和易怒。内疚意味着“我干了坏事”，羞耻则意味着“我是个坏人”，所以前者会促使你批评自己并赎罪。
它催生了补偿的需要，通过关注受害者来减轻造成的伤害。 34

内疚在某种意义上要灵活得多，而且更有道德效力，因为它不但触发了修复的需要，而且要求当事人运用共情能力来获悉如何实现。思考这个问题的一种方法是考虑这些负面社会情绪的对立面。在唐尼和迪林看来，内疚的对立面是自豪，羞耻的对立面是傲慢。由于这些原因，在道德哲学中，内疚常常被认为是一种更加成熟和进步的道德思维形式。它较少依赖一般规范，更多时候源于自己意识到对他人造成了伤害。如果你因为内疚而更加关注自己错误行为的受害者，你就更有可能为此做些什么。而羞耻会让你关注自己的失败，导致对他人的了解相应减少。

试想一名军人在战争中犯下了骇人罪行后还乡。如果他对自己的行为感到内疚，而非羞耻，那么和解的可能性就更大。如果他仅仅感到羞耻，那他可能会选择逃避，希望把这些记忆埋藏起来，永远不再提起。相比之下，感到内疚的人可能会寻求弥补的方法，接受真相与和解。正因如此，我们可能会希望帮助个人，甚至帮助一个国家，从羞耻主导的心态转向内疚（甚至是集体内疚），进而因内疚而赎罪，乃至获得宽恕。在过去二十年中，我们已经看到了国家道歉这一相对较新的现象，即当代领导人承认历史罪行所造成的集体内疚，并为此道歉，以求弥补。

35 出于这个原因，许多人都会呼应弗洛伊德的观点，认为没有内疚，就没有文明。自我和超我之间的斗争使得自制和互惠成了社会正常运转的关键。可是，内疚过于强烈，也会产生破坏性的影响。它可能会越界，导致有害的后果。由于缺乏衡量内疚程度的准绳，我们有可能内疚过头。这时，我们倾向于超越自我批评，乃至上升到自我惩罚，导致成为某种形式的受虐狂。脑海中自我批评的声音将变得震耳欲聋。它不但不能帮助我们纠正错误，反而会让我们无力行动，从内疚滑向羞耻。亚当·菲利普斯将惩罚性的超我形象化地描绘成了一个人，如果你遇到此人，你会觉得他/她是“一个多么残忍、无聊、唠叨的批判狂啊。这人肯定在生活中遭遇过真正的麻烦，才会变成这副德行。”而且，正如菲利普斯所言，“你是对的”。[11]

内疚和羞耻虽然在概念上有所区别，但通常是一同经历的。想象一下，当你以为没人在看的时候，你多拿了一块蛋糕（刚好是最后一块），结果被人逮了个正着，那时的你会是什么感受？恐怕是内疚和羞耻兼而有之。别人的评判可能会让你为自己的任性和剥夺他们应得的那份而感到内疚，但也可能让你为自己缺乏自控能力而感到羞耻——所谓吃货的懊悔。那些令我们对自己较易掌控的事情感到内疚的评判，和那些令我们对自己较难掌控的事情感到羞耻的评判，最终的分量几乎相当。最严厉的评判总是两者兼具。那位总是第一个走过门口的红胡子先生，无论他是 36
否对自己的行为和仪表掌控自如，都有可能在这些方面遭到恶评。[12]

有研究认为，相对年轻的西方社会是罪感文化，而较为古老或者更具集体主义色彩的社会是耻感文化。这种提法源自鲁思·本尼迪克特（Ruth Benedict），她在 1946 年出版的《菊与刀》（*The Chrysanthemum and the Sword*）里对美国人和日本人做了对比，称前者拥有基督教的罪感文化，后者拥有耻感文化。这一观点除了表面上的说服力之外，可能还触及了别的东西，那就是在重个人轻集体的环境中，什么才是可接受的语言。诚然，在集体主义社会里，人们非常强调“面子”和与之相关的耻辱（甚至到了为此实施“荣誉处决”的地步），但是羞耻并非此类社会的专利，任何文化或个人都有可能受到影响，即便他们对其表述得相对隐晦。西方自由主义传统强调透明的益处，然而在某种程度上，透明实际上有可能增加了让人感到羞耻的条件。信息自由法案是个很好的工具，可以为那些令人不快的揭秘保驾护航。正如乔恩·龙森在《千夫所指》一书中费心描述的那样，数码时代的我们渐渐意识到自己变得比以往任何时候都要公开，而暴露自我的方式也随之明显增多。这场数码转向可以被视为从罪感文化到耻感文化的范式转移。在前者之中，人们关注是非曲直；而在后者之中，真正关键的区别在于，你是被社交媒体上对你而言最重要的群体囊括和接受，还是被排斥和拒绝。

37 社会情绪，无论是笨拙导致的尴尬，还是内疚和羞耻，都有助于我们监督自身的社会行为。它们能提供生理性疼痛和厌恶这样的触发机制与规避机制，帮我们免于孤立之痛，维护自己在他人眼中值得信赖的印象。要想成功地避免这些惩罚，只有善意是不够的。我们还需要技巧。

多年前的一天，我借道新罕布什尔州，从波士顿驱车前往缅因州，满心欢喜地期待着去一个杂志编辑的农场做客，孰料这时一辆警车鸣起了警笛。交警要我靠边停车，然后冲我咆哮了一通，说我超速了。我说，我在英国的高速公路上开车开惯了，那里的限速是每小时 70 英里[1]，现在我才发现这条美国高速公路的限速是每小时 55 英里。他对这个解释不感兴趣，执意要求看我的驾照。我的驾照是那种旧式的绿纸驾照，折放在一个塑料钱包里。很多年前有人建议我在那个折叠钱包里夹一张 10 英镑钞票，“以备不时之需”。等哪天我要加油，手头又没有现金的时候，我一定会感激当初的先见之明。这件事我本已忘得一干二净，直到交警打开驾照时，我才意识到将要发生什么，可惜已经太迟了。我只能自欺欺人地希望钱不会露出来。然而几秒钟之后，那 10 英镑还是从皱褶里冒了出来，不甘寂寞地伸在外面。交警看向我，眯起眼睛，小声质问：“你想贿赂我吗，小子？”我立刻开始语无伦次地否认。所幸，他最终还是觉得我的话里有那么几分可信，尤其是这一点：如果我真想行贿，怎么说也该用美元才对。

不过，我认为他之所以相信我还有另外一个原因：我 38
给人的印象不是内疚，而是羞耻，或者至少是尴尬。我那拙劣蹩脚的铺垫，还有“明目张胆”的操作，显然不是行贿该有的样子。那次遭遇之所以如此令人难堪，主要是因为钞票的出现太过生硬直白。如果你想行贿，毋宁说如果你想穿越任何对话中的尴尬地带，那最好比我处理得更加微妙，而且要学会如何恰到好处地掩饰它才行。我那冒昧

(1) 1 英里约合 1.61 千米。

的做法倘若是有意为之，只会显得粗暴无礼。

假如我当时真的试图贿赂交警，他会逮捕我，还是在我适当的认错和道歉后网开一面呢？我不知道。但不论是哪种处置，我都可以道歉或支付罚款，为我的错误行为做出补偿。

要想让你的社会计量器保持高分，让社会性疼痛别找上门，没点技巧可不行。每当我们要说一些暗示你（我）动机不纯或者你（我）能力有限的话时，我们都会用间接言语来避免尴尬。说某人受贿，是对其动机的典型指责，所以我不会问“如果我给你钱，你能免掉我的超速罚单吗”，而是说“这个问题完全可以换个方式解决嘛”。同理，你要夸熊孩子“生龙活虎”；别人可以抠门，但你最好别说出来。沙查·巴隆·科恩扮演的波拉特曾在晚宴上问一位客人：“我什么时候可以和你做爱？”如果我们总是直来直去，不知多少人会变成此君的翻版。遇到敏感场合或者对后果不确定的情况，我们很少会直抒胸臆，而是选择掩饰自己。

掩　饰

Covering up

39 我每周去健身房时都要带两件 T 恤：穿着第一件 T 恤

在交叉训练器上锻炼四十五分钟，然后换上第二件 T 恤练举重。我们当地的健身房从属于一座复合建筑，所以去更衣室的时候要经过一座大型室内游泳池。以往我总是去更衣室换 T 恤，后来则开始直接在泳池边了事。可是每当我这么做时，我都会觉得此举是一种边缘体验，似乎不大对劲。在更衣室里换衣服显然不会引起争议，直接在健身房里脱衣服则显然不可接受，唯独泳池旁边的空间属于灰色地带。一方面，泳池里面和周围的男人都没穿上衣，所以我脱掉上衣不会有什么问题；另一方面，我一身健身装束，一看就不是来游泳的，那么在泳池边换衣服这一行为本身就是自我暴露，这在某种程度上促使我希望快速而低调地行事。诚然，多走点路去更衣室对我来说并不麻烦，只是那样我就得来去匆匆。退一步讲，即便在泳池边换衣服并无不妥，可如果我是个女人，就另当别论了，不是吗？

无论就字面义还是比喻义而言，我们都在不断地做着关于穿衣和脱衣的选择。多数时候我们可以忽略这个事实，就像鱼不会去注意自己周围的水一样。但这并不意味着我们可
以旁若无人般我行我素，即便有些时候这种想法多少会让人 40
不安。透过换 T 恤这样的边缘案例，我们可以一窥那些塑造我们处世之道的无形压力，以及我们需要管理的印象。

在这方面，最敏锐的观察者是社会学家欧文・戈夫曼。在他看来，“说真的，这个世界也就是一场婚礼”。为了以

令人不安的敏锐来描述拟剧性自我，戈夫曼区分出了前台和后台。他还识别出了我们乐此不疲的各种微妙暗示和微观管理。我们正是通过这些手段来脱胎换骨，以一种污名化程度较低的自我示人。例如，为什么在公共场合，某人在等待迟迟不来的友人时，看表的次数似乎超过了必要的频度？除了单纯的检查时间之外，此举也向别人暗示着她在等人。我们要想知书达礼，避免出丑，就必须理解这些无形的准则。我们私下里穿衣打扮，这样才能清楚哪些东西必须调整成适宜状态才能示人。

由此，我们很容易想当然地认为，人们在公共场合戴着面具来掩盖真实自我。但戈夫曼谨慎地指出，我们在后台的自我——在没有观众的情况下表现出的自我——并不比面向公众的自我更真实。把这两者区分为“面具”和“面孔”的倾向其实建立在一种不甚准确的想法之上，那就是表象之下多少还能发现某种真实的版本。在戈夫曼看来，我们的面具所系深远。它们往往代表着我们真正想要成为的人，因而塑造着我们的行为，督促我们为了名副其实而努力。

41 无论穿不穿衣服，我们总是要选择在社交场合中展示什么，隐藏什么。那些适用于身体的准则，同样适用于我们的言语形式。尽管我们有时认为语言是一个透明的交流窗口，但我们实际上精明得多，通常是用间接、巧妙、话中有话的方式来交流。在社会环境中，遮蔽语言和遮蔽身体同样重要。

我们为何要拐弯抹角，又如何拐弯抹角呢？心理学家史蒂文·平克（Steven Pinker）对此做了引人注目的探索。[13] 首先，他以非争议性对话为例，抛出了一个难题：既然打开天窗说亮话似乎能节省大家的时间，为什么我们还要在无处可藏的情况下暗度陈仓呢？明明可以说“把鳄梨酱递给我”，可有的人却偏偏说“如果你能把鳄梨酱递给我，那就太棒了”，多么奇怪。诚然，出于礼貌，即使是直接请求也要用“请”和“谢谢”来软化，但是礼貌并不能真正解释这些例子。平克提出，这一切背后还有一些更深层次的东西，它使得人际关系在不同程度上呈现为合作与冲突的混合体，而间接言语是穿行其间的必要手段。

为了进一步充实自己的观点，平克把目光投向了间接言语盛行的敏感情境，比如性诱惑（我只用提“蚀刻版画”[1]这个词即可）、威胁（“这么好的地方，要是发生点不好的事情多可惜呀”），当然还有贿赂（“对不起警官，我确实超速了，这个问题也许可以就地解决”）。

他的理论由环环相扣的三个部分组成，每个部分都很 42

(1) 英文中有“到我家来看蚀刻版画”的说法，系旧时文雅男士勾引女性入室的暗语，和“到我家来看电影”的当代说法类似。

有启发性。第一个部分借博弈论解释了为什么**似是而非的否认**在特定条件下会如此有价值；第二个部分列举了我们可以与他人建立**什么类型的关系**（老板变成朋友，朋友变成商业伙伴，等等），以及我们需要做什么，才能在这些期望之间游走自如；最后一部分是关于在敏感情境下避免**共知**的重要性。把这三者放在一起，我们就能真正理解自己有多么需要间接言语的技巧，为什么需要它，以及为什么《弗尔蒂旅馆》或《办公室》（*The Office*）这样的喜剧看得人芒刺在背。

间接言语有三个驱动因素。

1. 似是而非的否认：经济学家托马斯·谢林（Thomas Schelling）第一个认识到了在无法确定对话者的价值观时圆滑处事的重要性。也就是说，如果你不确定别人会怎么看待你的需求、想法或动机，你就得小心行事。平克运用这一洞见，为我这样的人和那位波士顿交警规划出了可行的选项。那么，我们不妨假设我有意贿赂交警会是什么情况。倘若我直截了当地说："如果我给你钱，你会放过我吗？"我就只能二选一了：警察腐败，行贿成功，我平安脱身；警察廉洁，行贿失败，我当场被捕。

不过，如果我使用间接言语，就能借似是而非的否认
43 扩大选择余地了。也就是说，廉洁的交警可能知道我用心

不良，但由于还要过排除合理怀疑这一关，他不太确定能否在法庭上站得住脚。因此，我在不知交警廉洁与否的情况下（如果警察个个都贪赃枉法，我就该直截了当地交易；如果警察个个都廉洁奉公，那就试都不要试了）一边见机行事，一边争取最佳结果，便是利大于弊的选择。最坏的情况也不过是遭到拒绝并支付罚款。

如果条件恰到好处，既有不确定性，又有不同程度的优势，那么在上述逻辑的驱使下，似是而非的否认就是必然之选。

2. 关系模式：对不同关系模式的管理也能导致间接言语的产生。仔细想想，前文那个关于鳄梨酱的请求之所以听来不像人话，其实是为了不让自己在朋友面前显得像老板似的——毕竟上下级和朋友是两种截然不同的关系。在此，平克引用人类学家艾伦·费斯克（Alan Fiske）的研究，详细阐述了反复出现在我们生活中，并且一定程度上赋予我们共同利益和共同期望的主要关系模式。

第一种关系被费斯克称为“共享”，即“我的就是你的”，所谓情同手足，血浓于水。你可以随便吃伴侣盘子里的食物（有的时候不行！），但是跟陌生人却不行，就是因为这层关系。为了促使我们分享，形形色色的劝说者会试图通过肢体接触，或者使用家人之间的语言——“嘿，兄弟，你能给点零钱吗”——来唤起这种相互的联系。

第二种关系是“互惠”。互惠关系的逻辑主要围绕公平
44 交换打转。也就是说，你帮我，我就帮你。无论是把馅饼切成均匀的几份，还是和别人针锋相对地争吵，都是这种关系的实际体现。同理，慈善机构和销售人员经常“免费”赠送一些东西，以便激发我们产生“我得回报他们才行”的想法。

第三种关系被称为“权威排序”，它往往是对实力和资历的检验，也是在你说出“别惹我”时会发生的事情。想想在任何一个有等级制度的组织中，这种关系是最明确的。在这种情况下，人与所任角色的必要期望（有时是契约性的）之间存在着明显的权力差异。

我们和他人都处在这些关系之中，而且随时都能直观地感到哪种关系在发挥作用。间接言语的价值在于，当你不得不游走于这些关系的边界时，它能帮你怎样渡过难关。我们都知道从共享关系滑向互惠关系会遇到什么困难，比如亲密友人一起参与商业交易，结果收效不佳的情形。有的时候，彼此友好的同事需要反映他们之间的权力关系，
45 这就要求双方都具备应有的外交技巧，随着关系模式的切换灵活变通。稍后我将更加详细地探讨工作环境中的外交言语。

3. 共知：间接言语的另一个驱动因素便是避免共知。共知是一个逻辑学的技术性概念，不同于单纯的皆知。皆知是指我知道，你也知道，但是我不确定你是否知道我知道。在我知道你知道我知道之后，接下去的每一轮都是一次共知的递归爆炸。平克最喜欢举的例子就是《皇帝的新衣》。当皇帝光着身子走进拥挤的大厅时，每个人都可以看到他一丝不挂。也就是说，我能看见，你也能看见，但我不确定你能看见我能看见的东西。这时的我们只是皆知。直到那个小男孩大喊一声“他没穿衣服”，公共信号的力量才引发了共知的连锁反应。现在不仅我知道他没穿衣服，你知道他没穿衣服，而且我还知道你知道他没穿衣服，你也知道我知道你知道，以此类推。

共知之中蕴含着巨大的集体力量和潜在的革命力量。正因如此，独裁者才总是喜欢分而治之。可是，这跟我们在敏感情境下对间接言语的需求有什么关系呢？这个嘛，当然意味着又该似是而非的否认登场了。借助我们用间接言语表达的版本，我们可以给已经发生的事情蒙上一层不易察觉的面纱，即便暗示遭到拒绝，即便面纱几近透明， 46
我们还是可以继续做朋友。可是，一旦面纱被揭开，摊牌就在所难免了。平克借电影《当哈利遇到莎莉》（*When Harry Met Sally*）中的一幕阐释了揭开面纱的过程。

哈利和莎莉在驾车长途旅行之后共进晚餐（莎莉点餐

时挑剔无比的要求令人印象深刻）。结账的时候，哈利冷不丁地说：

哈利：你很有魅力。

莎莉：谢谢。

哈利：阿曼达从没说过你这么有魅力。

莎莉：也许她不觉得我有魅力吧。

哈利：这是事实，和意见没关系。

莎莉：阿曼达是我朋友。

哈利：那又怎样？

莎莉：所以你要跟她在一起。

哈利：那又怎样？

莎莉：所以你不能勾引我！

哈利：不，我没有。什么？

哈利：男人夸女人有魅力，就一定是勾引她吗？好好好，为了讨论起见，就当它是勾引吧。你想要我怎么做？我收回我的话，行了吧？我收回我的话。

莎莉：不行。

47 哈利：为什么不行？

莎莉：因为已经说出来了。

哈利：天啊，我们该怎么办，报警吗？已经

说出来了。

正因为一言既出，驷马难追，我们才用含蓄的言语来包藏那些导致难堪、羞耻或揶揄的尴尬。当然，我们施展技巧的过程可能要比这一切给人的印象更加灵活、微妙和无意。

我时常会想到那些对于职场生存不可或缺的人际技巧。最近我不得不填写一份 360 度调查问卷，评估多位同事的“管理效率”。令我震惊的是，这份文件竟然如此强调匿名性：“你的回答将**完全保密**，你的名字不会与你的回答联系在一起。”言下之意便是在职场说实话有风险。事实也的确如此。

为什么会这样？要想渡过生活中的重重难关，我们就得完成不可能的任务。我们必须管理各种相互冲突的优先事项、需求和欲望——既有自己的，也有他人的。其中的某些动机对我们有利，某些则不然。我们身上那些懒惰、自私、软弱或短视的缺点会与那些相对美好的品质竞争。人人都被互相矛盾的欲望折磨着，无论这欲望是出人头地、发财、性、逃避现实，还是对爱和情感的需要。我们既想公正无私，**又**想满足私欲；既想融入集体，**又**想脱颖而出；既想和朋友欢聚，**又**想陪孩子成长；既想得过且过，**又**想“尽一份力”……我们必须把互相矛盾的欲望熨平去皱，变成一个看 48
似平顺连贯的自我，哪怕这一切恰恰因为矛盾而无法实现。

实际情况令人尴尬：你我的需求并不像我们假装的那样一致。于是，为了增添可信度，我们便设法让假话听起来比我们本人更直率。如果把这一切放到利害攸关、动机复杂的职场环境下思考，我们需要经历的内心戏从这件寻常小事里便可见一斑。你一时仓促，不慎把一封棘手的邮件发了出去，心里顿时凉了一截：我正在邮件里向最好的朋友吐槽一个客户，该不会正好抄送给了那人吧？工作强化了这种压力，因为职场环境下的人际关系受制于权力和金钱，故而声誉可以造成实实在在的影响。在工作中失信可能意味着失业。正因如此，办公室里到处都是掩饰。

随着权力和金钱变得越来越重要，个中利害便水涨船高，遮掩也就变得越来越诱人，甚至必不可少了。上市公司的首席执行官们有特殊的压力需要应对。“人是我们最重要的资源”这样的宣传口号听起来冠冕堂皇，其实习惯性地掩盖了公司的首要任务是让那些不露面的股东（通常是能随时让公司断炊的金融投资者）获利这一事实，所以它往往会招致应得的讥讽。然而，这些矛盾在某种程度上是不可避免的——正如某人曾经说过的：分文不赚，济世无凭。就连非政府组织也得一边追求他们的目标，一边确保设施继续运转，员工拿到薪水。我常常为房地产经纪人、政客和双层玻璃推销员感到难过，他们总是得忍受别人会心的窃笑，而这仅仅是因为他们要公开调解相斥的利益。

他们必须说服别人，这一点露骨得近乎刺眼。其他人（医生、出版商、学者）或许较为含蓄，但我们也不能想当然。须知，只要是有产品或服务要提供，或者有声誉要管理的人，便一定会对事实加以这样或那样的偏转。

当然，我们大多数时候说话都是透明的。别人问你厕所在哪里，或者现在几点了，你一般不会动用印象管理的圆滑技巧，而是如实回答。只是一旦关乎切身利害，问题就变得复杂起来了。我们必须做出选择。老板问你感觉如何时，你可能不会提昨夜酩酊大醉，直到今天看东西还有点模糊这件事，也可能会实话实说。但无论如何，你都不太可能像对待昨夜的酒友那般自在。情境决定一切，所以那份 360 度调查问卷才特别强调我的匿名性是有保证的。这里的保证是说“不要担心**这次**说实话会有什么后果，只管把你亲眼所见的情况交代出来就行了”。

然而，就连这层匿名的掩护也不能保证透明度。在填写问卷时，我是否真的像自己想象的那样毫无掩饰呢？难道我不会因为一些无意识的自私考虑而抬高或压低分数吗？我不认为我是，但这并不意味着我不是。这是因为我们生来便有各种自欺机制帮我们把令人不快的事实拒之门外。对大多数人来说，有意识地说谎其实很难，而且容易露馅，所以最成功的说谎者在说谎前已经说服了自己。我们需要一个讨自己欢心的自我形象，却低估了充斥于成人

50 生活中的悄然掩饰——受骗的大脑无法看到自己在愚弄自己。一项研究表明，医生们认为84%的同事会受到制药公司赠品的影响，而只有16%的医生说他们自己不会受到同样的影响。[15] 在另外一些研究中，被试者根据各种标准给自己打分，然后将其与别人根据同样标准对他们做出的评分进行比较，结果呈现出了某种“抑郁现实主义”。也就是说，其他人都忙着高估和粉饰，只有抑郁症患者的自我形象是真实的。[16] 事实证明，我们大多数人都有某种自带美化功能的“乐观偏见”。在它的帮助下，我们会想象自己在很多方面都高于平均水平，比如开车和为人父母。

不管怎么说，言不由衷都并非总是坏事。是的，我们有利益需要照顾，也有声誉需要维护，但这些动机并不总是恶意的，它们的色彩涵盖了从自私到高尚的各种灰度。诚然，诬陷他人，或者抢同事功劳这样损人利己的欺骗确实存在，但欺骗也可以相对无害。比如，一项任务你没用多久就完成了，但假装花了很长时间，或者你明明开夜车才干完，却装出不费吹灰之力的样子，还有听到老板并不好笑的笑话后开怀大笑。这些行为固然谈不上真诚，但也坏不到哪儿去（除非你为那些虚构的加班向客户额外收钱）。许多寻常可见或者信手拈来的欺骗，比如修养和礼貌，其实都没什么危害。我们会假装对同事的爱好感兴趣：“那么，极限飞盘赛季到底什么时候开始呢？”也会在打开

一件不对胃口的礼物时假装高兴：“天哪，你真是太好了！真不该这么破费。”除此之外，还有出于忠诚或谦虚的善意 51
谎言，甚至是颇具英雄色彩的谎言，比如为了不让别人受到不公正的惩罚而主动背黑锅。

另一方面，说得太直白或者太实在反倒有可能是不智之举，甚至造成意想不到的后果。某低档珠宝公司的老板杰拉尔德·拉特纳（Gerald Ratner）的公关失误便是如此。他说自家售价 4.99 英镑的醒酒器“完全是垃圾”，还把一对耳环形容为“比马莎百货的大虾三明治还便宜，寿命可能还不如”，几乎让他的公司毁于一旦。想想看，如果有同事说别人丑或蠢，而你恰好赞同，你会当场鼓掌吗？正如田纳西·威廉斯（Tennessee Williams）曾经评论的那样，“所有残忍的人都以自己是坦率的楷模而自豪”。判断你值不值得信任，不是简单地看你是否一直在说实话，而是更多地在于你有没有良好的动机说出你选择说出的话。我期望的不是你忠于赤裸裸的事实，而是你至少考虑一下对我本人，对我的愿望、志向或自我形象忠实。

另外，正如我们已经看到的那样，你还要具备正确传达这一切的技巧，而所谓技巧通常就是指拐弯抹角。评价某人时，“优点”可以清清楚楚地讲出来，缺点则最好包装成“发展需求”，以免让人不舒服。说好听的话你可以泛泛而谈，好让听者不加批判地欣然接受。不过，“你这人真

好”“太棒了”之类的甜言蜜语固然可以被不加批判地消化
52 掉，批评最好还是具体一点（把罪过和罪人区分开来），否则对方有可能听都听不下去，更别说接受了。某种程度上，这是因为批评的影响远远大于表扬，而且很有可能激发防御性的反驳。

人人都要用到间接暗示，但各自能够施展的技能水平却千差万别。如果说杰拉尔德·拉特纳之流的口无遮拦是一个极端，记者和政客老练的日常操作就是另一个极端。《卫报》（*Guardian*）的专栏作家乔纳森·弗里德兰（Jonathan Freedland）曾经撰写过一篇评论性文章，对乔治·奥斯本（George Osborne）的 2015 年度预算做出评价。那篇被盛赞为“政治敏锐”的文章从不同层面展示了这种机智的应变能力。弗里德兰对奥斯本的猫腻洞若观火：通过宣布全国最低工资标准（同时从有工作的穷人那里抽走福利），奥斯本试图延续一个“富有同情心的保守主义”项目，而该项目始于戴维·卡梅伦（David Cameron）本人为了给“劳什子党”（nasty party）[1] 改善形象所做的努力。正如弗里德兰指出的那样：

> 他并不是想拉拢穷人，而是想要从那些关心

(1) “劳什子党”是对英国保守党的戏称。

> 穷人的人手里争取选票，或者更准确地说，从那些不喜欢觉得自己不关心穷人的人手里争取选票。

在这段巧妙的评价中，我们看到弗里德兰正在评判奥斯本对选民偏好的判断。弗里德兰的评判一分为二：一方面，奥斯本展示出了他的政治手腕；另一方面，他又暴露出了见利忘义的动机。在弗里德兰看来，奥斯本关于什么人应该得到帮助的判断，与其说是基于人们的实际需要，不如说是基于他自己的政治价值。

弗里德兰认为，“此间的见利忘义者正是奥斯本自己， 53
他正在对大多数选民给予待富人士的同情程度妄加评判”。最后他总结说，奥斯本的揣测基本正确，而且“工党应该观摩学习”。

这番评价用极富说服力的理性口吻掩盖了自身争议性的假设，着实高明。弗里德兰无奈地抛出了一个所谓不言而喻的事实——“投票不是出于慈善，而是出于自身利益”，并指出反对党（工党）的政客们必须明白这一点，才能跟保守党竞争。然而，这一说法本身就有待商榷，可以被轻易反驳。政治学家们早已对出于实用目的而投票的选民和为了表达意见而投票的选民做了区分。[17] 前者为了自身利益而投票，符合弗里德兰的假设；而后者则是为了表明自己的身份认同和价值观。工党在杰里米·科尔宾（Jeremy

Corbyn）领导下的崛起已经证明了弗里德兰的假设并非必然，因为他们的纲领建立在同情之上，而非自身利益。不过，弗里德兰可不傻。他通过反驳可能出现的反对意见，以及迎合《卫报》读者对同行专栏作家的期望，巧妙地修饰了自己的观点（由此修饰自身形象）：他在主张选民的动机是谋求自身利益之余，也不忘用一句“即使自身利益也包括你对社会的期望”来缓和这一观点。经过这番重新定义，“自身利益”的范围不仅拓宽到了无可非议的程度，并且还可以进一步扩展，把所有不同政治色彩的选民（从格拉斯哥到得克萨斯，从雅典到柏林）都囊括其中。

54 你看，弗里德兰不但巧妙地评判了奥斯本，还挡开了自己可能遭受的评判。这自然是任何职业评论员都应具备的功底，可是我们也能清晰地看到，评判者说起被评判者来刀刀见血，却很少以同样的力度对待自己。就连我对弗里德兰的评判也不例外。

我们评估起别人的动机和能力来几乎毫不费力，往往不知不觉。相比之下，在把同样的检验用到自己身上时，我们却表现平平。《圣经》里有一段责备伪善者的话，说的是你在掺和别人眼中的刺之前，应该先操心自己眼中的梁木。它提醒我们，世人看待自己时往往用的是另一套标准。正因如此，我在阅读弗里德兰的文章时，虽然因为看出他葫芦里卖的什么药而窃窃自喜，却并没有多想，而且自己评价起他对奥斯本的评价来也毫无顾忌。弗里德兰的实际观点是：选民在谋求自身利益之前需要获得良知的慰藉。这一点是否适用于我？我并没有思考透彻。说到底，被奥斯本用障眼法如此小人化的选民到底是何许人也？把别人想象成这样当然容易，可我愿意把自己想象得同样如此吗？

印象管理是一件微妙而复杂的事情，而且大部分时候是无意识的——对于那些有幸精通某种文化的准则或规范的人来说，尤其如此。然而，这种熟稔以及它为印象管理带来的可选项却分布得并不均匀。

制造印象

Making an impression

我的父亲在约旦出生和长大，早年求学于伊拉克的巴 55
格达学院（Baghdad College）[1]。到了考虑高等教育的年纪，他的父亲建议他去英国念高中和大学。就这样，家父听从建议，于 1957 年夏天登上了一架从安曼飞往伦敦的飞机。

(1) 巴格达学院创立于 1932 年，最初是一所天主教学校，后来成为伊拉克首屈一指的贵族中学，甚至被誉为伊拉克的伊顿公学。

到了那里后，他的第一印象便暴露了自己异乡异客的事实：飞机在希思罗机场降落时，他看着窗外雨水浸淫的跑道和建筑，不禁惊讶为什么所有的东西都被冲洗得那么彻底。他只知道，安曼的街道如果遍地是水，那是人们为了除灰，一桶接一桶冲洗出来的，哪曾想八月底竟然会淫雨霏霏。

随后，他拎着两个手提箱，乘坐机场大巴抵达了滑铁卢。由于住的地方位于皮卡迪利大街，他便问人怎么走，结果被告知去“河的北边”。听到这话，他满以为只用过河就行了，于是抓起箱子就徒步出发了，哪知道汗流浃背地走了好一阵还是没到。这时他才突然意识到自己真的是在一个陌生的地方。第二天早上，他要去诺伍德的大学报到，所以又得问路。听到别人建议他坐火车，家父困惑不已，因为他的父亲明明说学院位于伦敦。更何况，在安曼，只有去另一个城镇才需要搭乘火车。

他的经历想必让许多不得不在陌生地域里找路的人深有共鸣。下面这一幕出自萨姆·塞尔文（Sam Selvon）的短篇小说《孤独的伦敦人》（*The Lonely Londoners*），描写的是 20 世纪 50 年代加勒比移民初到伦敦的情景：

56 “过来搭公交车。”说完，摩西便带着加拉哈德加入了候车的队伍。车来了后，加拉哈德不顾摩西的阻止，硬是挤到了其他人前面。售票员赶

> 忙说：“喂，你不能那样插队，伙计。”听到这话，加拉哈德只好站起来，看着原先排在前面的人一一上车。一个老太太用厉声斥责的眼神看着他，一个姑娘也小声对同伴说：“你也知道，他们不学就做不好。”[18]

家父也同样被排队的问题困扰过，不少人想必也因此投来那种无声却“厉声斥责”的眼神。他说英国人为了买张电影票，愿意井然有序地排队。如果队伍太长，没排上的那个人也不会有什么怨言，只是失望而归。如果是在安曼，电影院的周五夜场就乱多了。据家父说，在抢票的过程中，“我的衬衫通常会掉一两个扣子”。

如今，排队的风气依旧健在，但我们似乎不会再为等公交车而排队了。为了避免那种没有明说的“厉声斥责”，人们会围绕谁先上车的问题礼让一番，只是现在这已不再取决于先来后到。毕竟，文化规范也会与时俱进。唯有借助人类学的视角，才能把这些熟悉但心照不宣的臆断变成可见、可释的图景。凯特·福克斯（Kate Fox）在《英国人的言行潜规则》（*Watching the English*）一书中所做的正是如此。目光敏锐的她指出，即使是在酒吧里那种看似随意，不用排队便直接走到吧台点酒的情况下，也有数不清的无形法则在发挥作用。她称之为“哑剧规则”。在这个“隐形 57

队列”中，她看到了一套严格的礼仪。顾客只有按照它和吧台侍者顺利完成互相认可（与吧台后面的人进行无声的眼神交流）的步骤，才能喝上一杯。

手里拿着钱或者空杯子，让酒吧侍者知道你在等待服务，这是可以接受的。哑剧规则允许我们倾斜空杯子，或者慢慢地转动它……此间的礼仪简直精确得可怕：举例来说，你可以把胳膊肘放在吧台上，让拿着钱或者空杯子的手稍稍抬起，但又不能举起整个胳膊，也不能晃动钞票或空杯子。你还要一副悬悬而望，甚至略带焦急的表情。

你也不能表现得太自大：

那些等待服务的人必须时刻保持警惕，眼睛始终盯着吧台侍者。一旦双方眼神接触，你就要快速抬一下眉毛，有时还要顺便扬一扬下巴，报以有所期望的微笑，让侍者知道你在等待。

英国人本能地表演这种哑剧，却没有意识到自己是在遵循一套严格的礼节，也从不质疑这种规则带来了多大的不便（不说话，不挥手，不弄出声响，对微妙的非言语信号始终保持警觉）。[19]

也许这就是本人很少在酒吧露面的原因吧。

面对如此复杂的规则，外行人想必会望而生畏。福克 58
斯在书中说，一个意大利家庭在他们的桌子旁坐了很久，最终以为没人给他们服务，只好起身离开了酒吧。

在详加考察哑剧规则时，凯特·福克斯举了一个被人类学家称之为“浓描”的例子。这个术语的创造者是哲学家吉尔伯特·赖尔（Gilbert Ryle），他描述了眨眼和挤眼之间的区别，前者仅仅是眼皮的物理闪动，后者蕴藏着丰富的意义和内涵。“淡描”仅仅满足于对发生的事情进行物理层面的描述，“浓描”不但意识到挤眼的作用远远不止于此，还试图解读其中包含的无声信息（揶揄、暗讽、滑稽？）。

我们只有细心阅读自己身处的文化，才能理解日常社会生活中内蕴丰富的浓描。这种技能主要来源于随时间推移发生的成千上万次互动，它们加深了我们的地方感和归属感。我们知道自己总是容易犯错，容易出丑，而且我们会因为不遵守规则，或者至少是不懂规则，而遭到相应的评判。因此，为了在社会上立足，保全颜面，我们就必须有效地了解不同的人及其所处的文化。[20] 因此，我们接收的任何判断都可能是因其中无数的隐秘准则和不成文的规范而高度语境化的，它们在现实社会中也困扰着我们。如同飞贼在布满激光探测器的房间里闪转腾挪，避免触发警报一样，我们也必须把免于犯错的技巧磨炼得炉火纯青。

59 很多时候，警报都启动得悄无声息，或者由于极其隐晦，导致当局者迷，旁观者清。我们并不总是能注意到旁人眼里的“厉声斥责”。物理学家理查德·费曼（Richard Feynman）从对理工友好的麻省理工学院转到普林斯顿大学研究生院后，逐渐体会到了遭人嘲笑的滋味。听听他的经历吧。

我走进门，发现里面有几位女士，还有几个姑娘，一切都很正式。就在我琢磨坐哪才好，该不该坐在某个姑娘旁边，应该怎么表现的时候，身后传来了一个声音。

“费曼先生，您的茶要加奶油还是柠檬？”艾森哈特小姐一边倒茶一边问我。

“两样都要，谢谢。”我还在找座位，所以随口应了句。突然，我听到一阵笑声：“呵呵呵呵，您肯定是在开玩笑，费曼先生。”

玩笑？什么玩笑？我刚才到底说什么了？这时我才意识到自己做了什么。那是我第一次经历茶局。

后来，我在普林斯顿待久之后，才逐渐弄明白这个“呵呵呵呵”有何深意。事实上，我在第一次喝完茶临走时，才意识到这是什么意思：“你

> 犯社交错误了。”为什么呢？
>
> 因为我后来又从艾森哈特小姐那里听到过同样的“呵呵呵呵”，而那是因为有个男人在离开时吻她的手。[21]

如果放在今天，费曼大概会自在得多，因为西方文化 60
已经变得不那么正式，更能包容不同的规范了。更何况，在大型科技公司大获成功之后，那些精通科技、自称“极客”的人已经统治了世界。因此，物理学家在今日社会应该会比 C. P. 斯诺（C. P. Snow）提出“两种文化”的时代更受追捧。在那个时代，文艺人士更受青睐，科学家则被贬为二等公民。[22] 如今，理工成了我们这个时代较为主流的智力象征，太花哨、太正式或者太迂腐的人反倒更容易犯社交错误，引来阵阵窃笑。费曼或许会认为这是一个告别了评判的世界，但现实并非如此，我们仍然要应对同样错综复杂的内涵和评判。费曼在自传《别闹了，费曼先生》（*Surely You're Joking, Mr Feynman*）之后推出了一部续作《你干吗在乎别人怎么想》（*What Do You Care What Other People Think?*）。这部作品源于他和妻子阿琳（Arlene）的一次交流，旨在提醒后者不要被他人的意见左右。然而，此举不过是把阿琳的观众换成了费曼自己，并没有把那些爱评判的观众消除掉。现在，她需要在意费曼的评判了，也就是在意他如何看待她在意别人的看法这件事。换言之，评判是不可避免的。任何一种文化都少不了让人不知所措，进而对融入社会感到焦虑的明规暗矩。

为什么看到巴兹尔·弗尔蒂，我们会感到芒刺在背？为什么我们说《弗尔蒂旅馆》这部剧让人“笑中有泪”？因为巴兹尔的无能让我们看到，如果我们不善于管理印象，生活会是什么熊样。我们之所以尴尬，不是因为双重标准和自欺欺人——这些谁也免不了——而是因为这些矛盾暴
61 露在了世人眼前。巴兹尔的罪过同样如此，他没有相应的戏剧技巧来维持文雅、逼真的前台表演，反而因此**暴露**出了动机相对粗鄙的后台机器。裤门大开却浑然不知的尴尬并不在于**露出**什么，而是在于**没能藏住**应该藏住的东西。这一点对我们所有人都一样——隐藏自己的丑事和复杂动机是我们的分内之事。只要藏得够好，大家都可以相信没什么好藏的。

为什么我们会觉得某些人“酷”，某些人“蠢”？为什么我们说某些人“迷人”，某些人“笨拙”呢？这样的例子不胜枚举，而且类似的微评每时每刻都在不断地发生。重要的是，那些被认为很酷的人似乎不用努力就能成功，失败了也毫不在乎。酷酷的人显然对危险和后果漠不关心，最要命的是，他们似乎正如费曼要求的那样，并不在意别人怎么想。这一点自然令人着迷，也是可以用来唬人的假

象。毕竟，我们评判他人的一大原因就在于他们对好评的渴望太过明显。[23]

值得注意的是，同自尊心强的人相比，自尊心弱的人管理印象的方式有所不同。两者都在寻找恭维的聚光灯，但前者希望被映照得更加耀眼，后者则忙于避免给人留下不好的印象。心理学家罗伊·鲍迈斯特（Roy Baumeister）提出，低自尊是一种“基于保护自己免遭失败、尴尬、拒绝和羞辱的心理状态，而高自尊则是一种基于提高自身名望和能力评价的取向”。[24] 与其迷恋自己的亮点，不如把精 62
力放在隐藏自身缺陷上，因为从长期看，这样做更有可能让人保持较为积极的自我评价。[25] 与某些自助书籍和商业书籍中给出的鸡汤式建议相反，如果我们承认自己与其他印象管理者存在共同之处，反倒有可能让自尊心免于膨胀，从而受益匪浅。

牛人中的牛人似乎做什么都是手到擒来，可如果你相信事实如此，那就上当了。须知，水面上悠游自在的天鹅，其实在水面下拼命地蹬水。哪怕每只天鹅都曾经是（有时候依旧是）丑小鸭，自我欺骗和正常运作的社会计量器也可以帮它们掩盖这个显而易见的事实。奥斯卡·王尔德（Oscar Wilde）说“真相很少纯粹，也绝不简单”，可我们还是更喜欢冠冕堂皇的宣传。我们每个人都是一个迷你CEO，总是在一边宣传我们多么善良，多么能干，一边回避幕后嗡嗡作响的机器。[26]

我很喜欢 W. H. 奥登（W. H. Auden）那句一语中的、发人深省的话："真诚就是技巧。"然而，真要把技巧之于诚信的重要性抬高到我们不愿承认的程度，又难免会令人生厌。专注于做表面功夫会让人觉得我们是在贬低自己的人格，过分在意他人的想法，有时还会自觉浅薄无比。[27]

这种由讨好他人的需要引发的恶心感让人不禁思考起了一个问题：我们究竟能不能做到真实？尤其是在我们的自我判断有可能错得离谱的情况下，能不能做到真实？当真诚需要借助技巧才能被他人认可时，哪怕初衷是好的，
63 我们也很容易产生不真实感。我们不想被亚当·斯密（Adam Smith）打上"江湖郎中式的自我推销术"的标签，也不希望像萨特（Sartre）笔下的侍者那样坠入一种自欺的状态，在招待客人时殷勤得过于"侍者气"："他的动作迅速而急切，有点过于精准，过于利索。"萨特和西蒙娜·德·波伏瓦（Simone de Beauvoir）用"自欺"这个概念来描述我们在屈从社会力量时对自由选择权的不实否认。实际上，侍者自己放弃了自由，因为他选择专注于扮演自己的角色。德·波伏瓦指出了各种形式的自欺，以及随之而来的对自由的否定，比如：自恋者把自己解释为欲求的对象；神秘主义者服从某种绝对；恋爱中的女人让自己的身份隐没于男伴的身份；严肃的人投身于某项外部事业。

萨特和德·波伏瓦认为我们注定要受自由之苦。无论我们如何用错误的价值观来掩盖这一点，我们都不可能因为接受此类角色而颠覆我们做出选择的基本能力。

无论存在主义哲学家是否在要求我们始终保有自由选择权这一点上过于死板，他们对于人如何将自己隐没于一个角色，以及对违心生活带来的空虚感所做的诊断都值得我们驻足思考。这与我所描述的恶心感不谋而合。不过，在我看来，我们通过思考自己是多么易受他人评价的影响，倒是可以适度地缓解这种空虚感。第一剂解药源自这样一个事实：我们能够实现的自觉印象管理是有限的。也就是说，我们不大可能一直处于欺骗的状态，因为我们知 64
道愚弄别人是多么困难。经济学家罗伯特·弗兰克（Robert Frank）在一本探讨情绪有何战略作用的精彩书籍《理性中的激情》（*Passions within Reason*）中总结道：要想看起来很棒，最保险的方法就是真的做得很棒。他指出，我们不仅进化出了控制印象的能力，还进化出了识别操纵者的能力，因此很难让某种持续性的行为始终令人信服。纸终究包不住火。由此可见，我们的情绪之所以演化成了诚意的担保人，正是因为它们难以伪装。所以弗兰克认为，如果我们真的想要说服别人，就应该培养那些和正确情绪相关的特性和品质。他反思了自己在离开餐馆时付小费的做法，发现自己哪怕明知道再也不会来第二次了，也知道此举并不会提升自己的声誉，还是会这么做。这就好像他在无意识地练习怎么成为自己希望成为的那个人似的，又好像在锻炼一块道德肌肉，好让自己日后能够经受住诱惑的考验。尽管如此，弗兰克仍然认识到：对于身为社会动物的我们而言，要想过得如鱼得水就必须具备过硬的演技，只是从长远来看，培养那些你希望被人发现的品质往往才是最好，也是最有效的策略。

恶心感的第二剂解药便是认识到大家都在同一条船上。也就是说，不要把我们对好印象的追求看作是人性之恶，而是要将其视为人类普遍弱点的表现。我们谁也无法明了真实的自我——如果思考这种事能有什么意义的话。我们
65 都注定在某种程度上受制于彼此片面失实的见解和印象，故而必须学会管理它们。

承认你我都在同一条船上能让人平添一分谦逊。那种认为自己可以超然物外的傲慢固然值得警惕，可我们也不能盲目崇拜谦逊。大多数时候，高自尊对我们是有益的。同样，我们为谦逊大唱赞歌的时候，也应该提防自己陷入另一种自欺状态，也就是今日所谓的“谦虚自夸”。C. S. 刘易斯（C. S. Lewis）一语点出了罗伯特 · 弗兰克上述建议的精华，他指出“谦逊并非源于轻视自己，而是源于少想自己”。

虽说社会动物是由人性这根曲木做成的，而且被各种

矛盾的需求和担忧撕扯得八花九裂，但这一切其实也没那么糟糕。最近我问一个朋友是否有时也会犯“冒名顶替综合征（impostor syndrome）”，她回答说：“当然啦，大家都是这样，所以才有这么一个词。”进一步说，如果你能认识到你我在争取美好的印象和适度的自尊方面同样脆弱，同样比自己想象的更加依赖他人，我们就可以企及更深层次的诚实——承认人性共有的缺点和弱点，进而以此激励自己，在争取好评的同时对别人和自己都仁慈一些。

身为社会动物就免不了管理印象，而管理印象又免不了关注我们对彼此的影响。即便如此，我们还是可以问心无愧地生活。我们向外界投射出某个版本的自我，似乎很大程度上是为了避免自欺，是为了把印象管理成与我们心中真实自我相符的样子，也就是与心理学家所说的“自我 66
概念”相一致。没错，人生如戏，全靠演技，可表演也不一定是为了骗人。在社交雷区中，真相并不会自己水落石出，要想传达一个相对忠实的自我，就必须演技过硬。他人眼中的真相一旦经受住了时间考验和口口相传，无论是好是坏，都将成为你的声誉。

第二章

正确的声誉

The right kind of reputation

▼

凯西奥（Cassio）：名誉，名誉，名誉！啊，我 67
失去了名誉！我已经失去了生命中不朽的那部分，余下的就跟禽兽没有分别了。我的名誉，伊阿古（Iago），我的名誉！

（威廉·莎士比亚［William Shakespeare］,《奥赛罗》［*The Tragedy of Othello*］第二幕第三场。）

你愿意承认声誉的重要性吗？对于这个问题，恐怕没有多少人会像痛心疾首的凯西奥这般坦率。我们在前文中已经看到了人们为了传达正确印象所需的精力、努力和技能，殊不知建立声誉比博取好印象的要求更高，因为声誉是跨越时间和地点的印象。同超距作用类似，声誉是一种
通过第三方（包括跟我们素昧平生的人），而非直接对话者 68
来确定的东西，而且它会持续下去——至少持续到失去为

止。我们不愿让他人的评价凌驾于事物的内在价值之上，所以我们可能会认同伊阿古的回答："名誉乃是最虚假无用的强加之物！得到它的未必有什么功德，失去它的未必有什么罪过。"

二十多年前，社会心理学家尼克·埃姆勒（Nick Emler）指出声誉管理是沟通的主要目标之一。如今，借助社交媒体上面海量的可见对话，我们已经可以观察和量化这种努力，了解其中有多少会被视为流行、讨喜、搞怪、精彩、善意、熟练或有趣了。当我们被信息淹没的时候，注意力便成了稀缺资源。[1]这种情况下，只要个人和组织还想在漫天杂音中被人听到，就必须重视声誉。我们会用种种业余的方式关注权威度、流行度等指标。如今，我们固有的社会比较欲已经被增幅到了过分的程度，人们可以通过无尽的社交媒体窗口来了解他人的生活，而每个人的生活都是在知晓他人正在观察和比较的情况下所做的表演。有的时候这些比较难免会令人不快，届时就该专业人士带着有偿帮助来救场了。迈克尔·费尔蒂克（Michael Fertik）是《声誉经济》（*The Reputation Economy*）一书的作者，也是"Reputation.com"公司的创始人。他的公司以 1000 美元起步的价格提供数码行为清理服务，已经帮助 160 多万客户让自己的数码身份以最佳状态示人。正如人们所言，监视是互联网的商业模式，在这个只要发出一条有失检点的推

文便无异于名誉自焚的时代，此类服务能有市场自然不足 69
为奇。

声誉经济在这个数码时代几乎成了某种模因，无论对个人还是企业都施加着强大的影响。它也可以被视为共享经济的后续。主营共享汽车的“Getaround”，主营共享车位的“Parking Panda”，以及“Airbnb”和“Skillshare”等一众公司，都在设法通过共享为那些有需要的人释放尚未开发的资源。但此举也引发了公众对声誉的密切关注。毕竟，你可能会加入爱彼迎，但你应该不会让信不过的人用你的房子。同样，当我用优步约车，把参加完社交活动的女儿们送回家时，我会留意其他乘客给那名司机打了多少分。所以从某种意义上说，声誉在今天的影响力和重要性超过了以往任何时代。

别看当下对声誉的重视近乎狂热，实际上我们一直都需要好名声，因为我们从来没有摆脱过他人的评判。伊阿古的立场看似诱人，殊不知凯西奥才是对的：我们离不开他人的钦佩和尊重。虽说承认这一点可能会让人不舒服，可如果没有良好的声誉，我们几乎无法正常运转。倘若不在某些关键方面被评价为值得信赖或令人钦佩，我们活得有声有色的可能性将大大降低。这是因为我们身陷于一个
依赖此类认知的社会互动网之中，只能通过“外在表演” 70
了解彼此。我在你面前的样子就是你能评判的一切。实际

情况究竟如何，谁也无法直接获悉。

这并不是全盘否定伊阿古的观点。声誉建设是一项危机四伏、矛盾重重的事业，往往极其不公。我们评判彼此的能力其实很差（这一点我将在下一章探讨），所以人们收获的声誉往往不是对自己不利，就是会误导他人。声誉是如此重要，故而沽名钓誉者大有人在。正如我们随后将在本章看到的，个中虚实极难界定。讽刺的是，伊阿古自己作为一个诚实男人的名声“未必有什么功德”，反倒成了欺骗奥赛罗相信妻子不忠的关键，最终酿成悲剧。无独有偶，奥赛罗身为一个正直可敬的军人，过分执着于这一声誉，也是其走向覆灭的原因。我们的矛盾心态是可以理解的。伊阿古说“世人所知的我，并非真实的我”（第一幕第一场），直截了当地向我们展示了表象和现实之间的差异。然而，剧中的现实之所以能揭示出来，是因为有一位旁观者听他在台上吐露心迹。我们在内心深处渴望将表象与现实分离，但这并不意味着这种分离是可能的。

或许我们最大的希望就是建立这样的声誉：它能经受住时间考验，同我们的言行始终如一，从而区别于明显的操纵。或许我们最厌恶的并非你我都需要声誉这个事实，
71 而是别人有意识的操纵。如果某人的言行能够为其**赢得**美名，恶心感自然会烟消云散。

赢得声誉

Earning a reputation

每年我都会出席《查禁目录》杂志的表达自由奖颁奖典礼。同许多颁奖典礼一样，实际颁奖开始之前总会有充足的时间供大家往来互动，把酒言欢，众人会大致了解哪号人物莅临现场，还会一同欣赏若干华丽炫目的表演。然而，一旦获奖者正式揭晓，现场基调便会大为不同。我们会听到一些人物事迹，得知他们时常冒着极大的人身风险，数月或数年如一日地对抗种种社会不公，而且这些默默无闻的英雄在艰难抗争之时，从未想过有朝一日会置身于聚光灯下。在他们登台领奖，发表感言的时候，整个会场一片恭敬肃穆。获奖者们完全有权接受世人的顶礼膜拜，却明显对沽名钓誉兴味索然，这种巨大的反差足以令愤世嫉俗的嘲讽不攻自破。每届离场之时，我在观众之中无意间听到（而且感同身受）的感想总是洋溢着自愧不如、由衷敬畏、深受鼓舞等正面评价，而且这一切——只有在这一情境下——绝非套话空话，而是恰如其分。相比之下，奥斯卡颁奖典礼的背景可能会给人截然不同的观感（无论是好是坏），而这仅仅是因为我们知道某些人要顾及自己的口碑。大红大紫、养尊处优的影星们把手里的小金人献给世界和平、社会正义和环保，可能会被人斥为“传递美德信号”。正在评估影星们的表演有几分值得肯定的观众，便会 72

因为这层嫌疑而警惕起来。下面这句话出自威斯坦·休·奥登在作品《雄辩家》（*The Orators*）中写给朋友斯蒂芬·斯彭德（Stephen Spender）的题献，一定程度上捕捉到了这种矛盾心理：

公共场合的私人面孔
比私人场合的公共面孔
更加明智和善良。

声誉，即便不是公然沽取的对象，也是我们理应珍惜和重视之物。在明显存在操纵的情况下（比如借题发挥地抨击政客时），我们并不会真的贬损声誉的价值，而是实质上相当于说操纵者落了个攀附、炫耀或伪善的恶名。如果有什么区别，那就是这些负面的评判反而强化了声誉的价值。如果你想要好名声，那你最好看起来别太像想要好名声的样子。

不过，很少有人能像表达自由奖的获奖者们那般实至名归。大多数人都比他们更加卖力地经营着声誉，为了以相对美好的形象示人，我们让自己的社会计量器随时待命，时而巧计诱导，时而曲意逢迎。由于作为表演者的我们倾向于自我推销，作为评判者的我们便相应地发展出了性能卓越的“屁话探测器”。“屁话探测器”的应用对象是那些我们素未谋面，却能凭借“本能”判断其真实性的人。

我们不妨想想各色公众人物：曼德拉（Mandela）、丘
吉尔（Churchill）、麦当娜（Madonna）、安吉丽娜·朱莉
（Angelina Jolie）、撒切尔夫人（Margaret Thatcher）、教皇
方济各（Pope Francis）、唐纳德·特朗普（Donald Trump）、
安格拉·默克尔（Angela Merkel）、大卫·贝克汉姆（David
Beckham）、米歇尔·奥巴马（Michelle Obama）、泰勒·斯 73
威夫特（Taylor Swift）……一想到这些人，你的脑海里肯
定会涌出许多形容词来，比如高贵、雄辩、才华横溢、鲁
莽、灵活、无知、上进、虔诚、聪颖、不靠谱、慷慨、机
智、友好、玩世不恭、残忍、勇敢、富有魅力、诚实、坚
强、组织能力强、善良、傲慢。接着，再想想这些词和这
些人之间的关系是多么不稳定——二者的关系很大程度上
取决于背景和观众。如果要我来挑的话，形容唐纳德·特
朗普的词和形容奈杰尔·法拉奇（Nigel Farag）的词肯定会
不一样。形容词可以没完没了地列下去，而我们为人所知
的品质在某种程度上也是如此。我在罗列上面那些形容词
时，并没打算让它们跟人名对号入座。然而令人惊讶的是，
我们几乎眨眼之间就能给形形色色的人扣上各式各样的帽
子。想想战争时期不屈不挠的丘吉尔和战后和平时期输掉
大选的丘吉尔，同一个人，两种境遇。演说或许可以修复
留存人心的声誉，但现实总是更加复杂，而且受制于特定

的社会背景。

那些试图解释“特朗普现象”的分析人士尤其困惑，因为此公撒谎成性，反复无常，言行举止屡犯众怒，却几乎丝毫没有削弱他在支持者心目中的真实性。社会心理学家斯蒂芬·赖歇尔（Stephen Reicher）和亚历山大·S. 哈斯拉姆（Alexander S. Haslam）对此给出了最好的解释。在他们看来，特朗普的秘诀就在于能够让这个群体觉得他是“自己人”，而且能变着花样让他的追随者为他付出。首先，他会使用相当简单的戏剧技巧，比如在参加集会的人群等
74 待很久之后，自己才现身。与会的每个人都为此付出了时间，所以会产生一种强烈的错觉：既然要等这么久，事情肯定很重要。大家都在等，看来别人也是这么想的。于是，一种关于集会重要性的集体意识就这样悄然形成了。随后，当特朗普终于现身时，他会迅速地指出与会人群关心的问题（“我们遭到了殴打”），并且列出一份该为这些苦难负责的替罪羊名单。正所谓强大的“他们”可以有效地催生强大的“我们”。这一点还通过内部敌人（例如参加集会的记者或零星的抗议者）识别机制得到了强化。如果人群中有人抗议，观众就会被鼓励向安保人员报告，具体做法是转向那个敌人，齐声高喊“特朗普，特朗普，特朗普”——此举能让众人普遍感受到自己拥有克敌制胜的力量。

这些“身份认同庆典”表明，特朗普集会的成功在很

大程度上要归功于那些向特朗普表忠的观众，以及共同上演同仇敌忾戏码的观众和安保人员。在此，媒体是看得见摸得着的存在，注定作为敌对当局的代言人被特朗普嘲讽和诽谤。两位作者援引一名观摩过集会的记者的话，描述了这样一起事件：

> 特朗普怒视着房间后面的媒体牛圈，称这些媒体是他见过的“最恶心”和“最不诚实”的人，而且边说边用精心设计的冷笑来表达自己的鄙夷
> 之情。然后，他怂恿支持者们也转过身去怒目而 75
> 视。人群接到指示，立刻转过身嘘声奚落。
>
> 这一刻，情况发生了逆转。媒体和当局不再强大有力。他们成了渺小的一方，被特朗普的军团吓得不敢动弹。[2]

集会成为特朗普支持者有能力在更大范围内战胜敌人的“鲜活体现”，有助于让他描绘的愿景显得“真实”。赖歇尔和哈斯拉姆形容特朗普是一个“经营身份认同的企业家”，他把自己塑造成了一个与典型受众相对的原型。他没有隐藏自己的金钱和生活方式，也没有刻意穿着朴素来营造一种“我们”的感觉。相反，他通过炫耀自己的财富和粗鲁来反映观众的志向，同时表明他“肯定不是为了个人

利益而做这件事（竞选）”。也就是说，他既要成为志同道合的“普通美国人”的典型代表，又要把自己定位为典型或原型政客的对立面。相比之下，典型政客必定是为了一己私利而从政的“奸诈小人”。

在我看来，特朗普现象表明获取声誉的途径并不明显，而且是特定背景下的产物。虽然投票支持特朗普的人超过了 6100 万，但不投特朗普的人还是居多，而且那些没有追随他的人对他可谓深恶痛绝。这恰恰证明了一种声誉可以多么具有人群针对性。

虽然大多数人不必操心自己能不能流芳百世，也不用担心自己会不会遗臭万年，但我们还是会以某种方式建立
76 长期声誉，而且这些声誉可能会被别人（朋友、家人、同事）背地里议论。大多数人并不会在公共舞台上活动，也没有机会，或者没有必要去远距离或长时间地讨好观众，但他们的声誉仍然要动用技巧、努力和运气才能保全——哪怕是在规模较小、受众固定的情况下。

当我们试图判断别人几分是真，几分是假的时候，我们必须面对一个事实，那就是他们也会试着影响我们，让我们相信他们希望我们相信的东西。这是因为，他们也有欲望、动机、心愿和需求，而我们对彼此的要求不尽相同。相信别人说的话，就如同相信一座桥足够坚固，可以安全通行一样——唯一的区别在于你需要考虑哪些因素（毕竟，

桥绝不会忽悠你，让你相信它是牢靠的）。因此，我们总要留个心眼。从这个意义上说，“**智人**（*Homo sapiens*）”也许改成“**信人**（*Homo credens*）”更合适。我们有信任的需要，也有对相信什么事、信任什么人的隐忧。同样，我们还会担心自己看起来是否可信。

诚信是社会交流的货币。相信你说的话就是为你的信用背书。我们的信用系于言行。有信用，别人就会给予我们信任和信心；无信用，则两者尽失。信用的得失皆因自己的言行。在评估你的可信度时，我还要留意自己有没有轻信。

正因如此，哲学家兼社会心理学家罗姆·哈瑞（Rom Harré）才说，声誉是人生的第一要务。他在《社会存在》（*Social Being*）一书中，用“品行”的概念详细阐述了这一点：

> 理解人类社会活动的一个基本要素衍生自他 77
> 们相互赋予的永久道德品质。我称之为“品行”。一群特定的人根据其对某人的表达活动形成的印象而赋予他某些属性，它们构成了品行。这些属性，或者更确切地说，人们对这些属性的信念决定了群体对个人的期望。作为判断他人是否服从和赞美某人、诋毁某人，或者干脆无视某人的个人信念，它们具有基础性作用。它们是一个人道

德生涯的终极基础。[3]

哈瑞的“道德生涯”其实是从欧文·戈夫曼那里借用的概念。戈夫曼用“道德生涯”来描述由他人评判所定义的个人生活，尤其是被描述的生活在受人尊敬和受人轻视的经历之间穿行的过程。这些评判的触发取决于被评判个体对自己遭遇的诸多危机做何反应。所谓危机是指能够在他人眼中决定个体成败的时刻，它既可能发生在人生的不同阶段，也可能发生在不同的制度背景下。试想一个参加考试的孩子，以及考试对其自我价值感的影响。我们在面对危机时，除了伴随成败而来的自信或自疑，还需要一些技巧来确保自己无论如何都能获得好评。

78 要想让道德生涯经受住时间和场合变化的考验，首先就要让它入得了观者的法眼。我们深知良好声誉的可贵，所以学会了诸多技巧来操纵声誉，管理印象。例如，我们都可以凭借闪烁其词、添油加醋、转移话题、佯装无辜，乃至自欺欺人等手段来避免谎言遭人拆穿。为了博得好评，我们不惜曲意逢迎，扭曲事实。世人赞颂真善美，但实际上往往在追逐美名的路上磨平了这些理想。相应地，我们也发展出了种种检验声名虚实的办法。尤其值得一提的是，拥有语言的我们还会分享流言，而流言是一种可以远距离影响声誉沉浮的机制。我们对制造和消费八卦是多么热衷，只消看看最受欢迎的几种社交媒体就行了。流言招致流言。许多社会心理学家已经发现，极端社会化的物种发展出了非常深刻的互惠本能。[4] 这种互惠不仅可见于传统的物物交换，也延伸到了闲话八卦的传播之中。他人的爆料会激发我们以自己的爆料来回应。于是乎，流言蜚语无穷尽也……

流言虽然有害，却能帮助我们抵制一种愤世嫉俗的论断，即人们在争取好评的路上一直在弄虚作假。用流言来建立长期可持续的声誉是非常困难的，因为正如亚伯拉罕·林肯（Abraham Lincoln）所言（据说如此），“你不可能一直欺骗所有的人”。《皇帝的新衣》里那个男孩只用喊一句“可是皇帝明明没穿衣服呀”，便得以再造共知。可见，只要人们能够互相通气，分而治之的图谋就会破产。

流言本身或许并不光彩，但它可以起到积极的作用。道德心理学家乔纳森·海特（Jonathan Haidt）及其同事们
发现，流言蜚语具有极其显著的批判性。他们在研究中发 79
现打小报告的流言和唱赞歌的流言比例为 10∶1，故而“流言既是警察又是老师”。就像他们说的那样，“当人们传播高质量（‘有料’）的八卦时，他们会觉得自己更有权力，更容易在是非对错方面达成共识，而且会感觉自己与一起八卦的人联系更紧密。”在同样的研究中，乔纳森·海特还发现了一个双重标准，那就是尽管人人都在八卦，但大家

还是不喜欢“八卦”本身。最后，他得出了一个颇为矛盾的结论：鉴于每个八卦参与者都有管理声誉的动机，八卦和互惠在理论上也许能相得益彰，但实际上它们会篡改和扭曲事实，最终导致自我服务偏差和虚伪。

得意人生离不开好的名声，既然我们接受这一事实，就得破解这里的“好”字究竟意味着什么。[5]

“好”和“牛”：良好声誉的两大要素

Nice and in control: the twin peaks of a good reputation

评估一个人的声誉，其实是预测此人在某些情况下会如何表现。然而，由于我们充满了矛盾，这一切其实比表面上复杂得多。当我们的思想和行为发生冲突时，我们不仅要应对可能导致我们改变行为的外在环境，往往还得处理内心的紧张和不适。如果我明知喝酒有引发七种癌症的风险[6]还是照喝不误，就会产生认知失调，给我的声誉蒙
80 上前后不一的污点。为了解决这个问题，我必须将自己的思想和行为分隔开或者合理化，同时积极地避免那些可能导致它们发生明显冲突的情形。心理学家利昂·费斯廷格（Leon Festinger）发现，人们在面对此类矛盾时会倾向于虚构。费斯廷格曾研究过一个预言地球会在 1954 年 12 月 21

日毁于洪水的邪教。该教的死忠成员不惜放弃工作、恋爱、大学或变卖房产，只为在灾难发生前的那个夜晚得到飞碟搭救。不用说，天外来客当然在那天夜里爽约了，其后的洪水也没有如期而至。教徒们怀着难以置信的心情一夜未眠。天亮后，面对信念和证据之间的冲突，最狂热的教徒们竟然脑中灵光一闪：洪水之所以没发生，是因为我们坚定不移的信仰。

不过，最显著的认知失调却发生在一种特定的条件下，而且我们可以从中窥见良好声誉的两大要素。这番见解出自另一位社会心理学家艾略特·阿伦森（Eliott Aronson），他深刻地指出，当我们的**动机**或**能力**遭遇一致性危机时，我们认知失调的程度最严重。用他的话来说，那就是在实际情况与“我**又**好**又**牛”的自夸不符时，我们最容易感到认知失调。[7]

史蒂文·平克在总结有关认知失调的文献时评论道，我们之所以会这样，从来都是因为“有证据表明你并不像自己希望别人认为的那样好心和能干。急于减轻这种感受，就是急于把你自我服务的故事理顺”。[8] 因此，我们需要一 81
个能够长期保持连贯的社会叙事来描述自己。要想实现这一点，我们就得同时在两个方面都给出令人信服的解释。社会心理学家苏珊·费斯克（Susan Fiske）及其同事近来指出，这种动机和能力之间的差异具有普遍性。她用“热情”

和“能力”之间的差异做了类比：

> 根据社会认知领域的最新理论和研究，热情维度涉及的是与他人感知的意图相关的特征，包括友好、乐于助人、真诚、可靠和道德，而能力维度反映的则是与他人感知的能力相关的特征，包括智力、技能、创造力和效能。[9]

她还指出，总体而言，尽管我们对热情的偏爱略胜于能力——毕竟，欠缺前者会妨碍他人，而欠缺后者主要妨碍自我——但只有两者兼具才能收获最理想的声誉。

在声誉经济中，我们既要有热情，又要有能力；既要有人气，又要有权威；既要让人喜爱，又要受人尊敬。至于哪种声誉占优，则要视具体的背景和利害关系而定。在电影《拯救班克斯先生》（*Saving Mr Banks*）中，我们可以通过一系列的倒叙看到主人公 P. L. 特拉弗斯（P. L. Travers）（《玛丽·波平斯》［*Mary Poppins*］系列童话的作者）艰难的成长历程，尤其是她对父母的复杂感情。帕梅拉敬爱父
82 亲，却不得不面对一个日益脱离现实，经常在烂醉后异想天开，并且永远保不住饭碗的他。当她的母亲因为压力过大而企图轻生时，我们看到了天平的另一端。当帕梅拉的母亲对她说“我知道你爱爸爸胜过爱我”，并且嘱咐她照顾好其他孩子时，我们看到了女儿脸上的恐慌——她担心自

己遭到遗弃，在一个没有专家指导的纷繁世界里孤立无援。在帕梅拉看来，父亲很有亲和力，但没有控制力，而母亲则恰恰相反。

热门连续剧《绝命毒师》里有不少扣人心弦的故事，其中一个贯穿全剧的关键故事正好凸显了上述关于声誉的核心要点。在这部剧中，我们会看到主人公沃尔特·怀特（布莱恩·克兰斯顿［Bryan Cranston］饰）如何从一个正直温和到挑不出毛病的普通人（化学老师、居家男人）蜕变成令人生畏的大毒枭——制毒技术独步天下的“海森堡（Heisenberg）”（这个化名取自诺贝尔物理学奖得主沃纳·卡尔·海森堡的姓氏）。沃尔特连红灯都不会闯，海森堡则会无情地干掉任何被他视为威胁的人。当然，蜕变并非一蹴而就，而是一路反复，百转千回。故事一开始，沃尔特就被诊断出肺癌，命不久矣，这件事成了促使他转变的导火索。为了让家人在自己离去后衣食无忧（以及支付有望延续生命的治疗），别无他法的他只能“弃善从恶”，利用自己在化学方面的专长大发不义之财。不过，剧中除了这条叙事主线，还有其他动机也在推动着剧情，而且它们与本章内容高度相关。

沃尔特不是普通的化学老师，而是一名天赋过人的 83
科学家。多年前，他和好友埃利奥特·施瓦茨（Elliott Schwartz）共同创立了灰质技术公司，[10] 但是两人因为沃尔特当时的女友格雷琴（Gretchen）闹翻了，格雷琴后来嫁给了施瓦茨。这场纷争导致沃尔特以区区 5000 美元的价格贱卖了自己持有的公司股份，然后眼睁睁地看着它发展成一家市值数十亿美元的企业。对沃尔特来说，再也没有比这一切更加尖锐的社会比较了：他的故友和旧爱不仅过得幸福美满，还邀请他去他们的豪宅参加豪华聚会，试图善待他。得知他的诊断结果后，他们甚至愿意为他支付巨额的医疗开销。

然而，沃尔特不仅一口回绝了这个提议（但是在妻子面前却谎称接受了），还把多年来极力压抑的怨恨、屈辱和愤怒也逐渐释放出来。我认为，这些动机才是他为何能实现如此持久性转变的最好解释。无论身处多么危险的境地（危险和暴力的程度随着他脚下的尸堆一路升高），沃尔特都从未失足过。该剧把沃尔特必须忍受的冲突展现得淋漓尽致：一方面，内心的天使饱受内疚和恐慌的煎熬；另一方面，内心的恶魔又让他冷酷无情，心无旁骛，为自己时常智克群敌而自傲。

我们在管理声誉的过程中需要应对的正是这些天使和恶魔。它们分别代表了良好声誉的两条轴线，两者往往看似重叠，概念上其实截然不同。沃尔特是个好人，而海森堡是个牛人。

我们为什么需要这两种属性？它们之间又是如何发生

冲突的呢？要想回答这些问题，从信任他人意味着什么入手，是个不错的起点。通俗地讲，当你说自己信任某人时，无疑是在对他们的动机、价值观或道德观进行评估。你相信他们不会让你失望，因为你相信他们真诚的意图会确保他们做出正确的事情，不会以其他自私自利的动机为先。这方面的信任对于我们这样正常运作的超社会动物而言显然是重中之重。不过，我们却很少意识到，**能力**同样是信任的重中之重。毕竟，一座桥必须足够坚固才能承受你的重量。你能否信任我，取决于我给予你的**道德感**和我兑现承诺的**能力**。

虽说这些概念并不简单，也不易确定，但是从本质上讲，如果我不相信你会把我的钱存到银行，那是因为我担心你用我的钱中饱私囊（人品不好），或者担心你会把钱弄丢（能力堪忧）。某种程度上，这与我们在上一章中讨论的羞耻感和内疚感有关。相对于客观层面的失败，我们会用一种不同的方式指责别人道德层面的失败，这是因为他们对道德拥有更多控制权，故而应当承担更多的责任。无法获得这类形式的好评，我们就会明显感受到痛苦。如果我给人的印象不好，我可能会感到内疚，仿佛我在某种程度上违背了道德。如果我不能掌控大局，不能胜任工作，或者缺乏技巧，我更有可能感到羞耻，也可能因为自己的笨拙或软弱而感到受人排斥。

沃尔特也是如此，他因为自己是所谓“难出头的老实
85 人”而感到莫大的羞耻，而海森堡则因为自己恶劣而暴力的违法行为而不断与内疚感角力。事实是令人遗憾的：无论我们多么不情愿，我们总是需要在两者之间做出选择——很多情况下，人们不是心有余而力不足，就是空有力而不愿使，很难做到既善良又能干，既热心又冷静。地位、权力、金钱、性和自尊等需求扰乱了我们内心的善良天使，随时都有可能把我们从沃尔特·怀特变成海森堡。可以说，我们评估彼此就是在评估这些鱼龙混杂的动机在多大程度上支配着你我。

如果你怀疑我动机不良，你会怎么给我定性呢？我们可以把各种可能性用一个量表列出来，其中一端是缺乏兴趣，中间是贪婪，另一端则是居心叵测和恶意。哪怕你只是想托我在周末照看你的猫，你也需要做出类似的评估。如果你对我嘴上说好的实际动机有所怀疑，你可能会认为我：

1. 懒惰——我懒得喂猫。
2. 贪婪——我可能会在“eBay”上把猫卖掉。
3. 残忍——我可能会伤害猫。

你的动机和我的动机在很多方面都并非一致。实际上，你我的需求鲜有交集，只要稍加细察，这一点便几乎可以

肯定。我之所以愿意照顾你的猫，可能是因为我想趁机到你家参观参观，可能是因为我打算骗到钥匙后去你家顺手牵羊，也可能是因为我想借场子请狐朋狗友们欢聚一番。我还可能对你隐隐生疑，觉得你其实并没有表面上装得那 86
样高雅。只要能找到你私藏的米尔斯与布恩社言情小说，我就可以证实你也不过是俗人一个，这样等我们下次见面时，我就犯不着那么自惭形秽了。我甚至有可能意识不到自己的动机是多么龌龊。我们的自欺能力反而使我们变得更加可信，因为我们已经首先让自己相信了自己的良好意图。等我进了你的房子后，我的实际所为可能与我答应帮忙时的原因截然不同。心血来潮的欲望可以扭曲我们的动机，虽然在不同的环境下强度各异，但它们终归都会变成你在这个维度上不信任我的理由。

对你来说，信任我就是相信你的动机和我的动机完全一致。然而，是什么促使你大胆一试呢？我该如何告诉你我是值得信赖的呢？

鉴于我大可以用你想听的话取悦你，你自然要借助那些我无法控制的事情来判断是否应该信任我。正如我们已经看到的，流言是个很好的信息源，而且我不能轻易地左右它。同样，那些表明我们言行一致的身体信号也是如此，比如稳定的眼神和手部动作、轻松的微笑和适量的情绪：增一分，让人觉得不靠谱；减一分，又似乎拒人于千里之外。难怪不少人推测，情绪之所以演化成了诚意的担保人，正是得益于它们难以控制。

另外，如果我透露一些可能会让我显得不那么能干的事情，并且把它们处理得既相对无害，又有助于让你相信我的动机，那我就能通过放弃少许控制权，让自己显得更友善。例如，面试的时候，假如我冒着得不到工作的风险，主动向你承认自己不是早起的人，反而有可能增加自己得到这份工作的机会。这是因为，你在判断我的话是否可信
87 时所需的恰恰是相信我的理由。某些时候，我可以通过贬损自己相对次要的方面来换取信任。因此，我们为了表明自己人品好，往往需要自曝一些我们无法控制的事情。想想看，“我这方面很糟”或者“那方面我完全不行”之类的话我们已经从别人那里听过多少遍了？这些谦虚的自贬实际上是通过表明我在“牛”那方面并未走火入魔，借机给我“好”的一面加分。

当然，如果我为了表明自己毫无隐瞒、动机单纯而自贬过头，到头来可能会损害自身可信度的另一项关键特征，那就是我的工作能力——我的胜任力。在戴维·洛奇（David Lodge）的小说《换位》（*Changing Places*）里，一群大学教师玩了一个“揭丑游戏”：说出自己没读过什么文学名著，看看谁最丢人。获胜者是一名年轻的文学教授，他承认自己从未读过《哈姆雷特》（*Hamlet*）。如此令人耳

目一新的诚实之举固然是善意的体现，却暴露出了太大的技能差距。此人的声誉再也没有从这次会话失误里恢复过来，最终害他丢掉了饭碗。

这个例子让我们看到了可信度的另一面：仅仅被视为动机良好还不够，因为能力也必不可少，而且在许多情况下比热情和友好更为重要。我的女儿艾莉告诉我，她以前有个科学课老师很有亲和力，可惜镇不住学生，而且所有的孩子都知道这一点。可见，对一个希望得到学生尊重的老师而言，“牛”甚至比“好”还重要。试想，如果你正在准备接受一场大手术，你是愿意看到一个对病人无微不至但手术记录不太完美的外科医生，还是一个有些自恋，带 88
点上帝情结，但是素以技艺高超而著称的外科医生？正如蒙田（Montaigne）所言：

> 我的医生或律师信什么教并不重要……我几乎不会过问一个男仆是否贞洁，而是会看他勤不勤奋。比起嗜赌的骡夫，我更怕软弱的骡夫；比起不敬神的理发师，我更怕不懂行的理发师……亲切的餐桌气氛，要的是风趣，而非审慎；对于床笫之欢，美貌比美德重要；对于交谈，重要的是才干，正直可有可无。[11]

我们还是回到帮忙养猫的问题吧。如果我把自己不能早起的问题渲染得太像回事儿，即便我已经表现得动机良好，态度坦诚，我可能还是会失去工作。这是因为，你所要求的不仅是拥有履行承诺的意愿，还要有履行承诺的能力，就像一座桥必须能承受住所有车流的重量一样。在这个维度上，我可能会以千奇百怪的姿势失败，进而失去帮你照顾猫的权利。你也许会认为我：

1. 愚蠢——蠢到无法执行你的吩咐。
2. 无能——打不开猫粮罐头。
3. 分心——可能会在错误的一天出现。

一个人怎么才能把自己技艺娴熟这一点传达给别人呢？某种程度上，我们可以依赖身份标记或声誉授予机制，它们是技能或专业水平的常用代理。在正式场合，资格证书最管用，所以我们才要精心打造自己的简历。有的时候，
89 沾光也能起到类似的作用。试想，当你花了12万美元进入沃顿商学院听课时，你肯定在寻求专业指导之余，还想收获点别的东西。其中之一便是借著名学府的金字招牌给自己增光添彩。

在阳春白雪的学术环境中，人们常常哀叹声望是多么重要。一种理想主义的执念认为，真相终将大白，金子总

会发光，可惜现实并非如此。要想说话有分量，学者们先得建立自己的专业资历，而且他们只能依靠过滤器和代理人。名字后面的称号，知名机构、出版社和刊物的背书，这些提示声望的思维捷径缺一不可。没有它们，学者们的主张就会泯然于难分彼此的杂音之中。我们从上面那个从没读过《哈姆雷特》的例子里已经看到，只要学界人士希望受人重视，他们就得注意方式方法，学会露巧藏拙，从而维持能干而专业的形象。

不仅学术界如此，日常生活也是一样。我们时刻都在寻找表明某人能力过硬、技艺娴熟的线索。谁也没法确知，所以每个人都要把社交计量器开动起来——这倒不一定是出于怀疑。在某些情况下，能力声誉几乎等同于被倾听权。

为了让“好”和“牛”之间的矛盾关系重回正轨，我们往往可以通过减损前者来提升后者。降低自己的友善程度便是有望提升能力声誉的方法之一。毕竟，面对艰难抉择时能否当机立断，考验的就是防止自己“心软”的能力 90
有多强。雪莱（Shelley）形容奥兹曼迪亚斯（Ozymandias）有着“颐指气使的冷笑”，可谓十分传神地概括了这种决断力。更通俗地说，当我们说某人“调皮但心眼儿不坏”或者“你是个烂人，可我喜欢你”时，其实是在表明声誉的不同方面具有“失之东隅，收之桑榆”的关系。我们可以用魅力或风趣等优点替换掉自己的道德污点。正因如此，好人往往像沃尔特·怀特一样，必需埋头苦干才能混出头。

我们还能通过地位和其他的成功信号（如金钱、权力、智力、美貌或风趣）来获得能力声誉。这通常是不公平的——尤其是在别人觉得你毫不费力就能收获赞誉的情况下。如果被评判的非道德优点看起来不像是费力求得的结果，他人在评判时就更容易产生钦佩之情。[12] 这样看来，人们往往会隐瞒自己的努力，也就不足为奇了。

我们面对的事实是：无论我们追求的是“好”还是“牛”，只要改善声誉的企图过于明显，都会弄巧成拙。观众们时刻都在盯着，而且一眼就能看出虚假（比如整容仍然被视为边缘禁忌），因为大家都知道自己也想以这种方式影响别人。即便如此，我们还是会不由自主地争取好评。我们不妨看一个（可能是杜撰的）故事。某心理学讲师正在课堂上讲解正强化，她从巴甫洛夫的狗如何被训练成听见铃声就期待进食，一直讲到斯金纳箱里的鸽子如何学会啄取食丸，浑然不知学生们正在暗中捉弄她：看到老师讲
91 课时总爱在教室里来回走动，学生们便一致决定，每当她走到教室右侧时，他们就身体后靠，交头接耳，不做笔记，摆出一副不感兴趣的样子；每当她走到教室左侧时，他们就身体前倾，勤做笔记，微笑扮乖，变着花样给她正强化。渐渐地，老师走到教室右侧的次数越来越少，最后干脆在

左侧角落里讲课了。这个故事既令人捧腹又令人慨叹。可怜的老师不仅无意中成了自己授课主题的受害者，还无意中暴露出了她是多么想给观众留下好印象。

有些环境看重动机和道德，有些环境青睐能力和技巧，而最有价值的声誉只有在克服两者固有的紧张对立后才能获得。

两全其美

Trying to do both

我在一家学术出版公司工作，当我们讨论自己对公司声誉的期望时，我们会使用一个像图 2.1 这样的文氏图（Venn diagram）。[13]

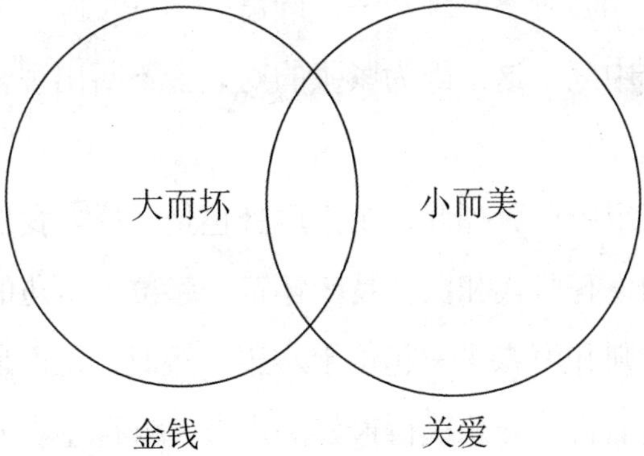

图 2.1 “金钱 / 关爱”文氏图

在这个真实图表的简化版里，我们可以看到形形色色的公司按照它们在作者眼中的不同特点分属于两个圆内。右边圆内的公司被认为与作者的价值观一致，这类公司规模小到足以给予他们个人关怀，通常独立运作，而且很可
92 能员工没有变动，动力始终如一，可以让作者长期依靠。不幸的是，这种公司有时却被认为效率不高。左边圆内的公司则被认为具备真正的效率，它们拥有庞大的销售团队和最先进的技术——但不一定会照顾作者，作者更有可能感觉自己被当作机器中的齿轮对待。当然，作者其实希望鱼和熊掌兼得。他们既想要价值观和长期关系，也想要一部高效运作的机器，可以把他们的思想带给尽可能多的读者，进而取得理想的销量和版税。一言以蔽之，他们希望合作的出版公司既“好”又“牛”。对任何一家公司来说，这种“金发姑娘”式的中庸之道都只能是美好的愿望。现实中的公司会时不时地从一个圆滑向另一个圆，很少能轻松地处于中间，这是因为紧张的对立会不断出现，优先事项总有冲突。

不仅组织声誉如此，个人声誉也是一样。我们的倾向各不相同，有些人和沃尔特·怀特一起位于右边的圆里，另一些人则和海森堡一起位于左边。然而，无论是对组织还是个人而言，要想获得最好的声誉，就得左右兼顾，两全其美。

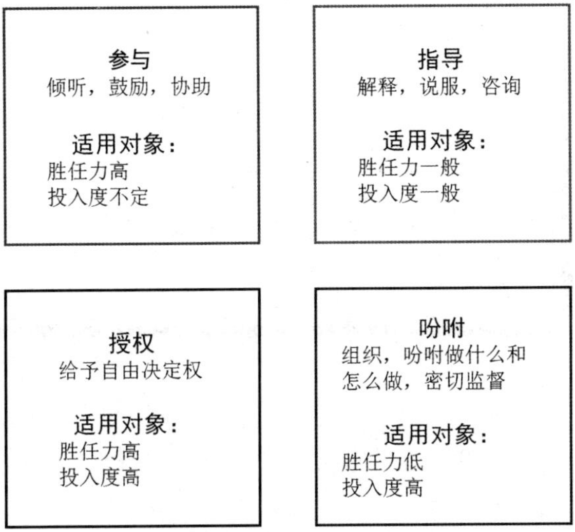

图 2.2 “参与、指导、授权、吩咐”矩阵
（改编自情境领导力矩阵）

这种区别在许多层面上都发挥着影响。在另一种职场 93
背景，即管理者和被管理者的关系中，我们同样可以看到这些主题。“情境领导力”的相关文献区分出了被管理者在管理者眼中的投入度（积极）与胜任力（娴熟）。从上面的矩阵中，我们可以直观地看到如何根据侧重点的不同采取相应的管理方式。

瞧，同样的区别又出现了。如果你的员工两方面都能做好——也就是说，不光胜任力高，投入度也高——那么作为管理者，你就可以放心地采取授权的管理方式，给予他们最大的自由。其他情况则各自需要不同的管理方式。 94

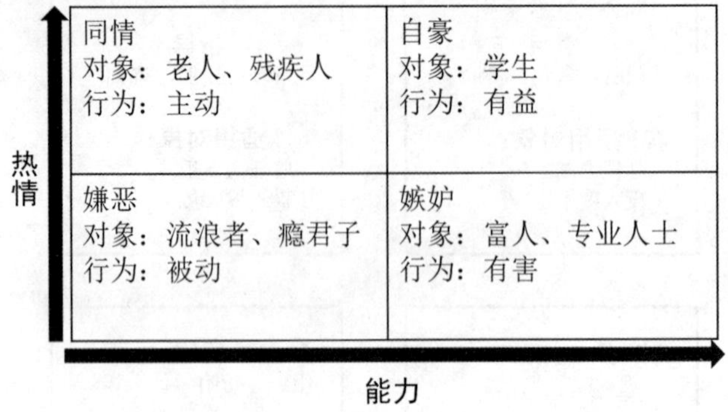

图 2.3 热情 / 能力矩阵

在图 2.3 中，苏珊·费斯克通过描述不同群体受到的评判，以及与某一维度高低对应的评判性情绪，绘制出了热情 / 能力矩阵。

简单地说，如果别人认为你热情但不称职，他们可能会对你表示同情，进而施以援手——虽说可能有点居高临下的意味；如果别人认为你有能力但不热情，他们可能会对你产生嫉妒和怨恨，进而采取较为敌对的立场；如果别人认为你既不热情也不称职，你可能会得到最恶劣的回应，那就是厌恶或轻蔑，以及随之而来的拒绝；如果别人认为你两者兼具（右上角的方框），你就会得到最强大的声誉，收获他人的钦佩和尊重。

在影视和流行文化中，我们看到良好声誉的两大支柱
95 始终处于紧张对立的状态。沃尔特·怀特为了让自己牛起来，

选择了不做好人。他的选择可以用大家耳熟能详的银幕金句来概括，比如“好好先生我已经当够了”，或者大卫·班纳（David Banner）变身为凶神恶煞的绿巨人时的那句“我生气的样子你不会喜欢的”。同样，银幕上也有无数截然相反的例子，也就是弃恶从善、美女驯服野兽的经典桥段。在电影《风月俏佳人》（*Pretty Woman*）中，理查·基尔（Richard Gere）扮演的富商因为被“风月俏佳人”（朱莉娅·罗伯茨［Julia Roberts］饰）的爱所感化，毅然摆脱了企业狙击手的恶人模式。他不但脱掉鞋袜，光脚感受青草，最后还同意善待他人，洗去自己因冷酷无情、靠趁火打劫而成功的恶名。

当然，这些影视和文学作品都把“好”和“牛”之间相互转变的过程处理得过于简单了。它们用理想化的方式展现了好人变坏或坏人变好的过程，同时也让人逃避了人性车流中那些更为纷繁的乱流。只有当错综复杂的动机、妥协、悬而未决的痛苦和不公都得到应有的描绘时，优秀的艺术才算是迈出了贴近生活的第一步。

《绝命毒师》显然没有《风月俏佳人》和《无敌浩克》（*The Incredible Hulk*）那么卡通化，而是力图将人性的重心转移刻画得更加复杂和真实。无疑，沃尔特在蜕变成海森堡之前肯定是别人眼里的好人，但他也会被认为是无能之辈。沃尔特内化了这种评判，化失败为羞耻和愤怒。如

果没有这些有利条件，单纯的癌症诊断并不会导致犯罪生
96 涯，至少不会让他在犯罪路上走远。化身海森堡的“沃尔特 2.0”虽然始终辩称自己铤而走险是为了家人（起初他的确能有意识地感觉到这一点），但他正是在身处权力巅峰之际才开始真正地享受人生。逃离险境时（通常是暴力的）体验的返祖刺激，成为天下第一“厨子”（制毒者）的自豪（他招牌式的蓝水晶冰毒拥有近乎完美的纯度），这一切都表明他找到了一种新的深层的满足感。即使他知道人们都怕他，但这至少能带来巨大的尊重。过去的屈辱之痛已经减轻了。

沃尔特看似通过弃善从恶挣脱了既有评判的束缚，实际上只是换了观众，改变了他宁愿被人评判的标准。逃避观众的尝试注定会以失败而告终，这一点我会在第四章进一步探讨。逍遥法外和制毒技术独步天下之所以能满足沃尔特的掌控感，是因为强效观众给出了这样的评判，即便他们表达的是敬畏和恐惧，而非喜爱或钦佩。很多时候，沃尔特都希望自己能更多地保留“沃尔特 1.0”，至少希望能在家人眼中如故，但最终他不得不放弃这一奢望。在与妻子斯凯勒（Skyler）最后一次对话时，沃尔特正欲解释自己为什么要做这一切，妻子便发出了抗议。不过，后者显然会错了意：

沃尔特：斯凯勒，你必须理解，我做这一切——

斯凯勒：如果再让我听到你是为了家才——

沃尔特：我是为了自己。我喜欢，也擅长这个。 97
我真的……活过来了。

沃尔特终于承认了观众早已看在眼里的真相：当初化身海森堡或许的确是为了家人，可后来一直干下去却是为了自己。在整部剧中，沃尔特其实有好几次机会可以带着足够家人衣食无忧的钱金盆洗手，但他没有这么做。听闻上面这番表白，我们仿佛看到沃尔特完成了从万世师表到疤面煞星的华丽转身，而昔日那个公认的老好人还隐约残留着些许痕迹。

可惜沃尔特沉迷权力无法自拔，“好人”的成分过于单薄，已经回天无望了。不过，假如这丝良知根本不存在，沃尔特单纯以精神变态的形象示人，戏剧冲突就无从营造了。正因如此，编剧们才没有把剧情庸俗化。至少在我看来，沃尔特在（直接或间接造成的）一路焦土之余残存的善良已经足以缓和我对他的评判了——至少让我不至于毫无保留地口诛笔伐。不过，如果我是他的儿子，他的妹夫，或者是众多观看该剧的其他观众，可能就不会这么想了。毕竟，即便对于同情心泛滥的观众来说，他也不是一个能够排除万难，在那张文氏图的中心位置实现难得平衡的英雄人物。

“英　雄”

'Heroes'

当然，有一类人的确能够在两极之间取得这种不可思议的平衡，那就是大众电影里的英雄人物。经典套路是这样的：英雄（通常是男性）与世无争，只想安度余生，不
98 想多管闲事。无疑，他们都有一段追悔莫及或试图逃避的往事（这些经历通常会赋予他们某种超乎常人的技能）。后来，英雄被一些一看就并非善类的家伙激怒了：可能是因为对方想从他们那里巧取豪夺，可能是因为对方欺人太甚，也可能是因为对方通过滥伤无辜来故意找打。总之，这一顺序向观众表明，接下来不管发生什么，英雄都是正义的。在被公然挑衅的逼迫之下，无可奈何的英雄只好重操旧技来教训坏人——暴力程度通常与对方先前造成的伤害成正比。电影让我们（观众）目睹一个人从“好”变成“牛”，同时确保其美好品质在过渡完成后依然保留。这种英雄神话是卖座大片展现两全其美的标准方式，它的顺序和背景安排使得两极转换既能发生，又不会让人像沃尔特·怀特那样被迫二选一。

编剧和导演可以编造出种种看似逼真的场景，让那些易于轻信的观众相信两个维度可以兼顾。大片固然令人满足，但它们把两者之间的紧张关系调和得过于精巧，终究

沦为了俗套。较为复杂的电影则在同一套路上有所变化，让最终的平衡稍有侧重。编剧总是在为我们校准好人和坏人是谁。面对得寸进尺的凌辱，被动应战的英雄默默忍受，极力压抑着他（后面我会解释为什么通常是男人）百炼而成的绝技，只为保持那份温暖和善良，无奈最后还是被逼 99
得无路可退。此时的他已经不能继续逆来顺受了，必须以一记大快人心的反击从“好”转变成“牛”。

刻画越是复杂，人物和剧情就越可信，但也越难令人信服地展现如何两全其美。在另一部获奖电视剧《白宫风云》（*The West Wing*）的一个场景中，巴特勒总统（President Bartlet）的定位问题便大致体现了这一点。在该剧的很多集里，巴特勒都曾与他的资深顾问托比·齐格勒（Toby Ziegler）发生过冲突。到了竞选连任的时候，托比警告总统，说后者通过掩饰自己的智力优势（总统得过诺贝尔经济学奖）来争取人气，正在沦为“毛绒玩具叔叔”式的人物。他还说总统因为表现得过于友好而牺牲了自尊，而且与本来就平民色彩更浓的里奇州长（Governor Ritchie，乔治·W. 布什［George W. Bush］的虚构翻版）拼人气也是一种失败的竞选策略。托比对此表示担忧，并强烈建议巴特勒不要把自己的权威隐藏在毛茸茸、暖呼呼的善意之下。他说：“让这场辩论围绕胜任与否展开吧。”

这种情节铺垫让我们看到，巴特勒在考虑祭出智力方面的撒手锏时，也在为自己积攒热情方面的资历（或者说至少还是在意好人形象）。至关重要的选前辩论即将上演，可总统的顾问们仍然不知道他会选哪条路线，还在担心他会因为紧张或者为了迎合观众而镇不住场。最后，辩论就这样展开了：

里奇州长：我的观点很简单。我们不需要联

100 邦教育部对我们说，我们的孩子必须学世界语，必须学爱斯基摩诗歌。应该让各州各社区决定医疗、教育，还有低税收或者高税收的问题。现在，他打算抛出一个高大上的词语——“无资助法令”。他会说，如果华盛顿允许各州说了算，那就是无资助法令。他其实是不乐意联邦政府失去权力，可我说（允许各州说了算）那是美国人民的独创。

主持人：巴特勒总统，你有60秒时间应答和提问。

巴特勒：首先，让我们澄清一些事情。“无资助法令”不是一个高大上的词，而是两个词。某些时候我们是五十个州，某些时候我们是一个国家，有相应的国家需要。从这个意义上说，二战中对德作战的不是佛罗里达州，建立公民权的也不是，而是美国。你认为各州应该事事自主，这个看法一点错都没有。可是你们佛罗里达州去年拿了126亿美元的联邦资金，这笔钱来自内布拉斯加州、弗吉尼亚州、纽约州，还有阿拉斯加州——你说的爱斯基摩诗歌就出自那里。州政府预算总共500亿，联邦拨款就占了126亿。好，现在换我提问了：请问，我们能把这笔钱拿回来吗？

乔希·莱曼：比赛开始！

C. J. 克雷格：天啊！（对托比说）。看样子不是毛绒玩具叔叔。

托比·齐格勒：的确。

巴特勒用一番机智诙谐的妙语回击了里奇，毫不掩饰 101
自己超群的脑力。观众获得的满足感与主人公被迫出招碾压对手后的满足感是一样的。然而，这一切之所以能实现，其实是因为《白宫风云》那些党派色彩浓厚的编剧们故意让里奇出洋相。他们把里奇刻画成了一个头脑简单的人，暗示他当选之后恐怕是个隐患，比如他在之前的某集里曾经侮辱巴特勒，还有他在后者提出如何应对犯罪率不断上升的问题时竟然不知怎么回答：“犯罪？唉，我也说不好。”这些细节都对我们不忍出手的英雄构成了挑衅，也让里奇的下场显得合情合理。不过，假如巴特勒先前不够友善的话，这里的“牛”就会显得过于苛刻；同样，过分逢迎也会适得其反，该发威时必须发得起威。

假如总统不是杰德·巴特勒，而是他的夫人艾比·巴特勒（Abbey Bartlet），人们又会如何看待这一幕呢？把男人换成女人，想象一个与之相关的反事实情境恐怕不太容易，好在我们还可以用实验来模拟。弗兰克·弗林（Frank Flynn）和卡梅伦·安德森（Cameron Anderson）以哈佛商学院对事业有成的硅谷风险投资人海蒂·罗伊森（Heidi Roizen）所作的案例研究为基础做了一番极有见地的调查。结果表明，尽管大多数人的“好”和“牛”两个维度总是处在紧张对立之中，任何人都很难企及文氏图中间那个两全其美的交集，但这条中间路线对女性而言尤其难走。在实验中，学生们被分成了两组，其中一组拿到的版本是原始的研究案例，另一组拿到的版本除了把研究对象的名字
102 从海蒂换成了霍华德之外，其他细节一模一样。学生们给出了他们对案例描述对象的态度，两组人都认为海蒂和霍华德同样能干，但霍华德更可爱、真诚和善良，海蒂则好斗、自私、权力欲强——总之不是“那种你想雇佣或者为其打工的人”。可见，海蒂·罗伊森面临着成为一名成功企业家还是一名成功女性的双重束缚，而这可能与英雄通常是男性形象有关。本书限于篇幅，无法对性别歧视现象详加探讨，不过我本人倒是注意到，当我问十几岁大的女儿安

娜为什么喜欢用“女权主义者”这个同龄人很少使用的标签来描述自己时，她的回答是：“你等着瞧！”

影视作品用虚构世界向我们展示了如何让“好”和“牛”两全其美，可我们这些凡夫俗子既没有妙笔生花的编剧，也没有不离不弃的观众。我们的观众要善变得多，而且我们还得一边亲自撰写剧本，一边掩饰这一点。有的时候，与其说声誉取决于评判，不如说声誉取决于运气。太过露骨地制造声誉可能会弄巧成拙，因为你看起来太用力了。另一方面，我们管理声誉的机会也分布得非常不均，受制于各种偏见的假设。要想获得好评，我们就得改进自己凭直觉钻营的能力，因为正如乔纳森·海特所言，“生活于流言蜚语的纷繁网络中，需要遵循的第一条规则是：小心行事；第二条规则是：你做了什么不如别人认为你做了什么重要，所以你最好能把自己的行为置于美好的镜头之中”。[14]

这种摆拍工作时而给我们长脸，时而令我们蒙羞。有 103
些明星会把自己在银幕上的一部分人格面具带进现实，这与多数人的经历形成了鲜明的对比，颇能揭示问题。米兰·昆德拉（Milan Kundera）在他的小说《慢》（*Slowness*）中把他们称作“天选之人”：“这时就该建立在摄影术之上的时代大显神通了，它把明星、舞者和名人的影像投射到巨大的银幕上，让世人远远便能望见，谁都可以崇拜，但谁也无法企及。”[15]“天选之人”星光加身，往往人未见，名已至。即便暂时不为人知，他们也不必像常人那样解释一番。大部分时候，不管走进哪个房间，他们都能享有与普通人不对等的知名度和重要性，而且很少需要为自己或自己的行为负责。我有个在慈善机构工作的朋友，曾经去某个为他们提供赞助的名人家开了个会。还在富丽堂皇的豪宅中穿行时，她就已经晕乎乎了。进了起居室后，她赫然发现纳奥米·坎贝尔（Naomi Campbell）、吹牛老爹（P. Diddy）和乔治·克鲁尼（George Clooney）正在沙发上聊天。三人见她到来，便暂停谈话，彬彬有礼地做了一番略显多余的介绍，然后听她自报家门。过了一会儿，乔治·克鲁尼不仅亲自给她冲了一杯咖啡，还亲自递到了她手上。这时，我那受宠若惊的朋友简直连话都不会说了。

毫无疑问，在这个数码时代，“天选之人”比以往任何时候都易于接近。我们可以通过社交媒体窥见他们生活中前所未见的细节，而这往往是因为他们也在社交大潮中积极地弄潮。比如，数百万人每天都能读到金·卡戴珊（Kim Kardashian）早餐吃了什么。然而，尽管明星们已经因此不
104 再神秘，世人对他们的渴望却似乎有增无减。在公开活动时索要签名的队伍还是那么长。

不过，“天选之人”一旦被当初捧起他们的媒体打倒，就不再是少数幸运儿了。公众的关注能够带来好处，但名利场终究是个是非险地，因为我们这些观众其实对它爱恨

交加：一方面，我们能感受到名望的诱惑和力量，乃至对明星心生崇拜；另一方面，我们又对好运固有的偏颇心怀怨恨。

心理学中有一种“光环效应（halo effect）”，它是指由已经确立的优点延伸出其他并不存在的优点。我们可以看到，人们往往在缺乏根据的情况下赋予他人种种特征。沃伦·哈定（Warren Harding）就是一个很好的例子。这位美国总统在实质性素质方面可谓完败，而他之所以能当选，是因为“看上去像个总统”，也就是说，完全是从选角中心走出来的花架子。名望、财富、美貌、高大和其他的地位标志都会给人以美好印象，降低人们的挑剔程度。某种古怪的品质出现在没有权力的人身上也许会招来鄙视，可是一旦出现在地位高的人身上，可能只会让人觉得特别，甚至反倒会令人着迷。某种程度上，它与这样一个事实有关：富有此类天资的人被认为在管理印象中没什么需要耍花招的理由，明显没有理由去谋求可信度的人更容易让人觉得可信。

这一切所指向的必然推论是残酷的：那些奠定大多数人声誉的特征有许多都完全超出了他们的控制范围，而加以改善的努力如果太过明显，又会使它们进一步受损。有些人对近距离详细了解不感兴趣，仅凭少许直观的线索便对我们妄加臧否，这种粗暴歪曲给予我们的疏离感还会因上述无奈而雪上加霜。声誉的分布极其不均，其不平等、不公平、不公正的程度同财富分配的不均不相上下。无疑，声誉在某种程度上的确和技能、品质还有动机相关，但实际上更多地取决于运气和时机。故而正如伊阿古所言，“得到它的未必有什么功德，失去它的未必有什么罪过”。最后，你的声誉仅仅存在于那些评判你的观众眼中，而他们也有各自的盘算和过失。

第三章
不靠谱的评判者
Unreliable judges

▼

人类学家克利福德·格尔茨（Clifford Geertz）曾说：“我 107
们生来都可以适应千种人生，到头来经历的却只有一种。”[1] 我在准备自己五十岁生日聚会的讲话时，正好想起了这句话。我之所以记得它是因为，纵然我无法想象自己体验上千种别样人生，但我却真实地拥有另一个让我念念不忘的自我——他的名字就叫保罗（Paul）。正如你在绪论中已经看到的那样，保罗最早是在我十岁左右时出现的。当时是我在英国念小学的第一年，我们刚从贝鲁特举家搬到伦敦南部的珀利。在那最初的一年里，老师们一度用我中间名“保罗”称呼过我，但保罗不久之后便消失了。

时间快进到 1989 年。在我大学毕业后尝试进入出版业的时候，保罗这个不速之客再次出现了。那时我给一百多家出版机构写过求职信，结果不是遭拒就是石沉大海，最后只得到了一个面试机会，而且还没面试上。回去跟家父

108 倒苦水，他说问题出在我的名字上，建议我改用中间名“保罗”自称。这个建议令我震惊不已，可是彼时的我其实别无选择：我已经在多萝西·帕金斯（Dorothy Perkins）的夹克、外套和西装销售部打了八个月工，其间使出了浑身解数也没能求得心仪的工作。于是，我咽下自己的骄傲，老老实实地改了名字。果然，保罗的运气比齐亚德（Ziyad）好多了。他只申请了七次，便得到了四次面试机会。

我至今仍然清楚地记得那次面试：我在完成了一套关于儿童百科全书的笔试后，坐在面试室里静候通知。这时，面试官走进来说：“到你了，保罗。”我愣了一会儿才意识到他在跟我说话，这才红着脸慌慌张张地站起来。

总之，保罗得到了这份工作。与此同时，我也收到了世哲出版公司的聘用通知——而且时至今日仍在这家公司工作。实际上，我之前曾用本名“齐亚德”来应聘过，因为世哲就是在我发出最初一百多份申请后唯一给我面试机会的出版公司。这次我假定他们应该把我记录在案了，所以就用本名重新申请了一次。

回想起来，当年面对两份聘用通知的取舍，何尝不是一次过旋转门式的两难。虽说人生路上百转千回，但我记得正是这个决定推动我走上了正轨。最终，保罗去了翠鸟出版公司，而我则以齐亚德的身份进了世哲出版公司。

如今想来，真不知当初为何要对家父的建议大惊小怪。

出版业或许以开明进步自居，但我已经透过它的眼睛看到了足够多的真相，还借助心理学学位获得了足够强的洞察力，所以我深知人类的评判中充斥着种种无意识的偏见。如今许多机构之所以对求职者的姓名采取匿名化处理，就 109
是为了对抗偏见，确保雇主不会根据非西方姓名之类的线索做出不公正的评判。

阅读无意识偏见的相关文献是种特别令人沮丧的体验，我们会看到彼此是多么受制于隐含的刻板印象和不靠谱的第一印象，由此产生种种反思。无论我们如何自欺欺人地相信自己的公正性，无意识偏见都是证据确凿的存在，而且影响着我们对彼此的看法。由于它们都是无意识的，我们几乎什么也做不了。[2]

下方的图 3.1 反映了数百万人接受哈佛大学内隐联想测验（Harvard Implicit Association Test）后的总体情况。

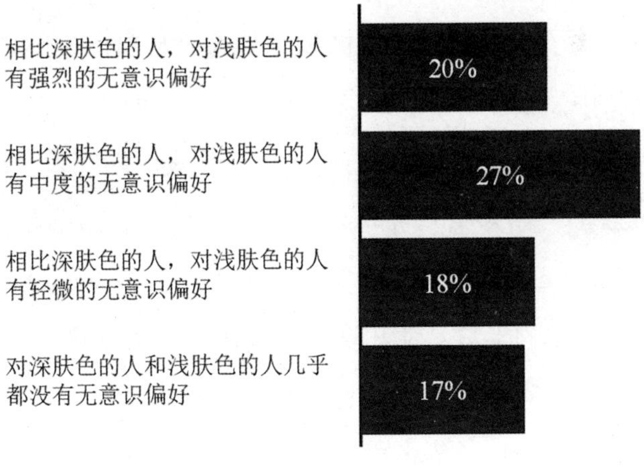

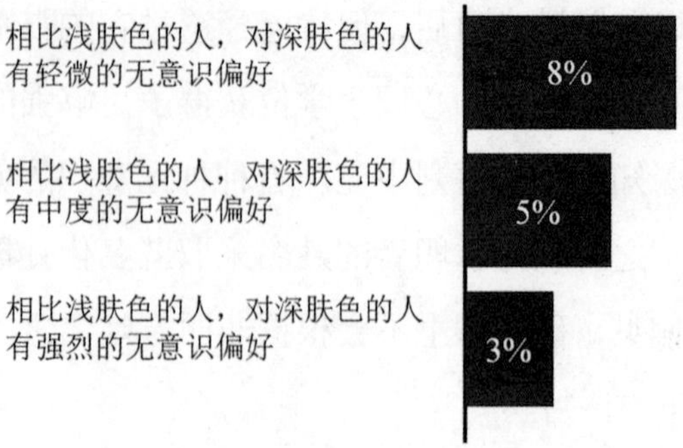

图 3.1 各种情况的网络受访者占比

虽然学界对于这些结果能否预测个人层面的种族主义行为众说纷纭，但总体而言，它们的确呈现出了一幅相当令人不安的图景。我们在肤色方面看到的情况，也可以推广到性别方面。这些研究指出，我们除了会把护士默认为女性，把工程师默认为男性外，还有许多类似的刻板印象，而且这一趋势非常普遍。几乎每个人都有偏见，就连集体中那些遭受负面评价的成员也不例外。越来越多的研究揭示出了负面刻板印象被偏见受害者自身内化的过程，而且从中发现了一个尤为令人不安的概念——“成见威胁（stereotype threat）”。心理学家史蒂文·斯宾塞（Steven Spencer）、克劳德·斯蒂尔（Claude Steele）和黛安·奎因（Diane Quinn）对一群男女被试做了一次数学测试，并且故意让其中的半数女性知晓该测试存在性别差异。[3] 最后，被告知这一点的女性明显比男性表现得差，而没有被告知

这一点的女性则和男性不相上下。也就是说，仅仅告诉女 110
性这个测试不会呈现出性别差异，便能提高她们的测试成绩。类似的成见威胁案例还发现，哪怕仅仅在测试开始时要求被试陈述自己的性别或种族，他们的表现便会差一截，大概是为了顺应业已鲜明的刻板印象。[4]根据哈佛大学教授艾丽丝·博内特（Iris Bohnet）的说法，美国每年在多样性项目上的投入多达80亿美元，但几乎没有证据表明这些项目发挥了应有的作用。[5]

我们如何评判——道德味蕾

How we judge - moral tastebuds

> 朱莉和马克是一对利用大学暑假去法国旅游 111
> 的兄妹。某日，他们在海滩附近的小屋过夜时，突然决定尝试做爱。……
>
> 这件事你怎么看？他们可以做爱吗？（海特，2001，814）。

如果你觉得没问题，我们将在后面探讨可能的原因。如果像许多人一样，你的反应是“这么做不好”，那就问问你自己为什么会有这种感觉。你的反对背后存在合理的解释吗？还是说这种反应仅仅是出于道德反感？这个例子揭示出了我们自认的评判理由和评判的实际驱动因素之间的差距。毕竟，乔纳森·海特和他的同事们已经在描述中巧妙地排除了显而易见的反对理由，比如子女可能存在的健康问题，或者兄妹自身遭受的心理伤害。实际上，如果你问别人为什么认为“朱莉”和“马克”做得不对，他们立马就会犯难。可即便如此，他们还是无法放弃最初的直
112 觉：这么做不对。海特把这种倾向称作“道德惊愕”，并解释说，我们在进行道德评判的时候，首先会给出直觉反应（比如这里的“真恶心！”），事后再用逻辑和理性来掩饰。

心理学家丹尼尔·卡尼曼（Daniel Kahneman）（基于他与已故同事阿莫斯·特沃斯基［Amos Tversky］的研究）指出，我们有两个思维系统来指导判断和决策。[6]系统一是快速、直观、无意识的（比如计算 2+2，或者边开车边聊天）；系统二是缓慢、明确、费力的（比如计算 247×116，或者把车倒进窄小的停车位）。卡尼曼的观点是：我们的大部分思维使用的是系统一，而这个系统充满了他所描述的偏见、捷思和谬误，使得我们很容易产生他所谓的认知错觉。这些倾向以数不清的方式塑造着我们的认知判断。[7]比如“可得性偏差（availability bias）”，它指的是，如果我们能轻易地想起相关的事例（比如一篇关于抢劫的新闻报道），我们就会

比参考统计平均值的情况更有可能认为某件事将会发生。又如“锚定效应（anchoring effect）”，它是指我们在做决定或评估时过于依赖特定的信息。我的女儿艾莉便向同学们证明了“锚定效应”，具体做法是让大家猜测圣雄甘地（Mahatma Ghandi）去世时有多少岁。在直接猜的情况下，大家给出的答案在 80 岁左右。可是当艾莉用一个较大的数字（“他去世时有没有 114 岁？”）“锚定”后，他们猜测的平均年龄就飙升到了 101 岁（甘地实际上享年 72 岁）。精明的餐馆老板往往能无师自通地运用锚定效应，他们故意在菜单上列出昂贵的酒品，就是为了让你多花钱也心甘情愿。 113

基础概率谬误（base rate fallacies）和关联谬误（conjunction fallacies）会严重扰乱我们对相对概率的估量。在一项研究中，研究者向被试描述了一名热衷政治活动的哲学系学生“琳达”，然后要他们猜测琳达日后更有可能成为“银行出纳”还是“积极投身女性主义运动的银行出纳”，结果人们选择了后者。殊不知，后者其实只是前者的一个子集，它的可能性不可能大于前者。这类偏见和捷思的例子不胜枚举。好在，按照卡尼曼的说法，系统二的思维更审慎，更费力，也更有逻辑和意识，故而能够纠正系统一模式下产生的错误。

卡尼曼和特沃斯基研究的是理性认知领域。不过，某些同系统一的思维相似的东西也会从上述那个关于判断和决策的世界穿越到道德评判和社会评判的领域。例如，我们倾向于对自己过去的行为（以及预期的行为）持有不合理的乐观看法，同时有意忘却自己的不道德行为。我们还会借之前的道德行为来批准后来的不道德行为（仿佛在使用某种道德信用额度）；我们根据行为在镜头前的形象来判断它在道德上是好是坏，而且常常用无关的信息来评判不好的行为。在自私自利和大公无私之间，我们无意识、不自觉地偏爱前者。[8]那么，是否存在一个与之对等的系统二，使我们能够纠正这些伦理偏见呢？这个问题我会留到后文再探讨。

114 我们在没有理性依据的情况下就对生活中的日常事件和新闻时事作出反应，妄加评判，这样的情况有多么频繁？我们不希望人们受到不公平的评判，但我们在决定公平为何物时却采用了一套非同寻常的标准，而且我们对自己的直觉和预感存在盲点。本章将从这些“奇葩”标准之中挑出若干详加探讨，进而勾勒出社会评判模糊不清、异乎寻常的形态。

“朱莉”和“马克”已经作为一个范例载入了道德评判的相关文献，我们可以从中看到情绪何以在理性找到相应的理由之前便引导我们走向因果颠倒的评判。这里的情绪具体是指厌恶。诸多研究清楚地表明，一念之间的厌恶即可强有力地塑造我们的道德评估。心理学家还发现，这一点有时可以表现得非常直观：如果你要求一组受访者先用肥皂洗手，然后再回答涉及道德纯洁问题（比如色情和吸毒）的调查问卷，他们批评起来会比那些没洗手的人更严厉。[9]

海特是在和巴西同人西尔维娅·科勒（Silvia Koller）合作时第一次遇到这种现象的。他们向巴西人和美国人分别提出了一系列争议性问题，其中最能揭示真相的一个是："假如一条宠物狗上午被车碾死了，随后家人吃了它的尸体，你会做何反应？"他发现，不同的人群对这个故事做出道德评判的意愿存在差异。来自美国费城的私立学校学生对这个情景感到厌恶，但由于事件中没人受到伤害，所以他们不会将其判定为不道德。相比之下，美国的其他社会阶 115
层和巴西人的确会根据忠诚、家庭（宠物被视为家庭成员）、权威、尊重和纯洁等概念来判断该情景是否不道德。

我们的评判充斥着各种规范性评价。道德直觉是对他人的人格或行为（喜不喜欢、爱不爱吃、是好是坏）做出反应的一种突然意识到或几乎无意识的觉知，是一股席卷全身的微评判潮热，往往无法为我们的思维所检视。[10]

虽然情绪明显在社会评估过程中具有重要作用，但我们却倾向于将其描绘成影响我们做出评判和相应抉择的干扰因素。比起那些精心策划的犯罪行为，人们认为激情犯罪的严重程度较轻。菲利普·罗斯把嫉妒形容为"让观者受罪的色情片"，[11]借助这番一针见血的描述，我们便能看到这种经历带来的深刻的不适感何以能导致责任的减轻。

然而，道德心理学认为这幅图景并不完全正确。情绪确实可以干扰评判，但这番洞见还不够深刻。实际上，那些评判正是由情绪构成的。这种趋势在各种社会环境和法律环境中都能看到。无论是涉及同性婚姻还是人类克隆问题，厌恶都明显影响着某些人的是非判断。[12] 20 世纪 80 年
116 代后期，英国颁布了禁止地方当局“促进”同性恋和“虚假家庭关系”的第 28 条款，[13] 演员伊恩 · 麦克莱恩（Ian McKellen）和许多人一样加入了反对该法条的队伍。他认为，恐同情绪之所以能大行其道，乃至推动这种变化，是因为保守派评论员在描述同性性行为时表现出的厌恶。

利昂 · 卡斯（Leon Kass）曾在小布什时代担任美国总统生物伦理委员会主席，他借一个自创的短语“厌恶的智慧”指出，一定程度的“恶心因素”是深层智慧的来源，它对我们的是非直觉具有指导作用：

> 在此，厌恶和在其他地方一样反抗着人类的恣意妄为，并警告我们不要触犯那些讳莫如深的禁忌。事实上，在这个时代，只要是自由行事，都被认为是允许的。在这个时代，我们与生俱来的人性不再受到尊重，我们的身体仅仅被视为自主理性意志的工具。在这个时代，厌恶可能是仅

> 有的能够捍卫人性内核的声音。那些忘记如何战栗的灵魂是肤浅的。[14]

无怪乎进化心理学家们推测，厌恶感原本是一种防止暴饮暴食和防止疾病传播的可靠机制，后来扩展成了过度发达的“恶心因素”，进而延伸到了道德领域。帮助我们产生厌恶感的审美标准竟然变成了我们道德评判的一部分，这一点想想就令人不安。但正如海特所言，“我们的身体和正义之心之间有一条双行道”。

有趣的是，我们评判的根基往往建立在人类心理的非 117
理性和无意识特征之上。海特用自己的早期作品（包括乱伦和吃狗的故事）建立了一种模型，[15]以之阐述这样一个事实：我们对他人的评判主要是由无意识过程构成的，但这些过程事后会被包装成推理和证据。面对那些通过大大小小的屏幕不断涌向我们的故事，我们几乎会不知不觉地做出评判，但很少能意识到事实如何。八卦小报的头条新闻喜欢给那些不幸被其盯上的人乱扣“怪物”“陈世美”“国宝”或“英雄”之类的帽子，这种过于简单化的做法或许会让人觉得可笑。殊不知，我们在道德反感时的样子，其实和八卦小报是半斤八两。

可想而知，利昂·卡斯和他的“厌恶的智慧”自然遭到了不少人的炮轰。[16]这些人提倡一种更加科学化的探究方式，希望摆脱这种“原始”的反射。理查德·道金斯（Richard Dawkins）曾在一封写给女儿的信中警告她不要把观点建立在“内心感受”之上，信中表达的智慧同利昂·卡斯截然相反，可谓此类立场的极致。无疑，尽可能地运用逻辑、论据和论点来进行评估的确十分重要。只是，无论我们在理论上与理性客观的理想多么亲密，做到这一点却并不像我们自诩的那般容易。卡尼曼的系统二——相对较为理性和审慎的思维方式——的确可以纠正推理过程中的谬误，可是当社会和道德领域的切身利害水涨船高时，这样的勘误能力似乎也荡然无存了。

我将在本章探讨人类心理和理性法庭之间的这种差异。
118 要想弄清我们评判他人的依据，我们就应该试着去理解这一点，而非加以否认。

乔纳森·海特深入探索了我们的道德本能对某些无意识过程的依赖有多深，有多么明显，由此大幅扩展了上述见解。影响社会评判的价值体系似乎根植于一系列因人而异的道德维度之中。海特用舌头上的味蕾来比喻这些道德味觉。正如我们的舌头让五种味觉（酸、甜、苦、辣、咸）得以形成一样，在我们的“正义之心”（海特语）里也存在味觉感受器，或者确切地说，存在着以下道德基础：

1. **关爱 / 伤害（care vs harm）**。该基础与善

良以及避免加害于人的冲动有关。它让我们相信伤害别人是错误的，关心别人则是道德上的好事。在这一基础的驱使下，我们对别人的评价要么是残忍、无情，要么是善良、关心人，或者有同情心。

2. **公平／欺骗**（**fairness vs cheating**）。该基础与正义、公平、权利、自主以及对欺骗的反感有关。人们有需要维护的权利，正义需要对违法行为做出成比例的反应。在这一基础的驱使下，我们对别人的评价要么是昧心、贪婪，要么是公正、讲理。

3. **忠诚／背叛**（**loyalty vs betrayal**）。该基础将牺牲个人、造福群体视为美德。它重视忠诚和效忠，反对来自群体外部的威胁，并且惩罚背叛。
在这一基础的驱使下，我们对别人的评价要么是 119
自私自利，要么是牺牲自我、心系集体。

4. **权威／颠覆**（**authority vs subversion**）。该基础让人服从传统、制度和权威，承认社会秩序的价值。它惩罚那些破坏社会等级的人，表扬那些行为得体、懂得尊重的人。

5. **圣洁／堕落**（**sanctity vs degradation**）。该基础与前文关于厌恶如何引发道德评价的讨论有关。它崇尚健康、清洁和纯洁（以及与之相关

> 的贞洁和虔诚），倾向于惩罚腐化、玷污等罪恶以及与之相关的荒淫和贪婪等特征。[17] 在这一基础的驱使下，我们对别人的评价要么是面目可憎，要么是朝气蓬勃。

“朱莉”和“马克”正是因为违背了第五个道德基础，方才令重视它的人产生了消极的道德评判。同样，那些在脱鞋之后才进入住宅或圣所的人，遵循的也是这个道德基础。[18]

那些依赖全部道德基础的人认为，要想创造一个边界和结构更加优化的社会，仅凭前两个基础来管理人际关系是不够的。必须遵循全部基础，否则就只会得到一个不负责任、混乱不堪的公共空间——不幸的是，绝大多数人类恰恰处于后一种情况之中。大多数人在大多数时间和场合都会用到这五个道德基础，但是有个不同寻常的群体却声
120 称他们只关注前两个基础，也就是“关爱 / 伤害”和“公平 / 欺骗”。毫无疑问，我和许多像你这样的读者便归于此列。我们就是自诩不会对“朱莉”和“马克”消极评判的人。

这类人代表了一个被心理学界广泛分析的亚群体，即所谓“怪人”。[19] 他们是国民中的少数派。怪人宣称只要没人受伤，他们就不介意家人吃他们的宠物狗，也不介意兄弟姐妹做爱，因为大多数人依赖全部五大道德基础，而他们不走寻常路，自称只依赖前两个。的确，全体人类都

会在意关爱还是伤害，公平还是欺骗的问题，但是从不同时代和不同文化背景下的情况来看，只有怪人之外的多数派才对权威、忠诚和纯洁同等关注。社会保守派，甚至是那些生活在西方富裕国家的社会保守派，似乎五种道德味蕾全都十分活跃。[20]

某项研究用若干能够引出这些偏好差异的场景对将近50万人做了测试，其结果颇能解释美国的“自由”和“保守”两大政治色调之间的文化战争。其中一个场景是这样的：一名妇女想找一块布来打扫房间，刚好发现了一面美国国旗，于是她就把国旗撕成碎布来打扫卫生间。当被问及这些情况是否不道德时，受访者的回答呈现出越自由越倾向于说“不”，越保守越倾向于说“是”的规律。结论认为，此类场景与圣洁、忠诚或权威等道德基础相冲突，而这些
基础对保守派的影响更为显著，对自由派则不那么显著。 121

对于海特所谓怪人拥有双道德味蕾，其他大多数人拥有全部道德味蕾的观点，人们的意见纷纷不一。有一种观点认为，双道德味蕾是最好的，而且人世间的进步正是通过让有关集体和圣洁的道德基础变得多余才实现的。社会进步减少了我们的消极评判，个中原因便是上述转变。不过，像海特这样的人则认为，社会的正常运转需要同时具备自由进步和正统传统的“阴和阳”才能维持。这种道德直觉
差异引发的文化战争导致了指责和反指责，于是乎自由主 122

义者被指责为不负责任的社会结构破坏者，保守主义者被指责为冥顽不化的自由压迫者。

自由进步的怪人虽然自称只受伤害和公平这两大原则的影响，但他们可能并没有自己想象的那般“开明”。他们的另外三个道德味蕾其实很容易就能激活。回答问卷的时候，我们的理性能力或许还能保留个大概，可是一旦接近自己关心的事情，我们就会变得跟其他人一样，换着花样拿权威、忠诚和纯洁说事。

环保活动家兼记者乔治·蒙比尔特（George Monbiot）在决定改变立场、支持核能之后，受到了其他开明环保人士的抨击。后者的语气里满是对忠诚和圣洁遭到背叛的关注，似乎对这两者的重视丝毫不亚于其他道德基础。例如，

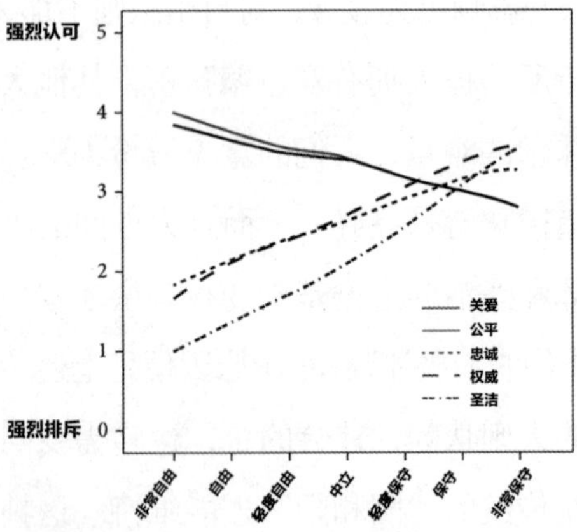

图 3.2 道德命题认同与政治身份认同的对比（Haidt，2012）

环保主义者乔纳森·波里特（Jonathan Porritt）评论说，“**现在他对一体化快堆和液态氟化钍反应堆的前景是多么着迷呀**……它们听起来简直不能再美好了！试着大声说出来，看看你是否也像接近性唤起一样兴奋得发抖！”[21] 又如，记者约翰·皮尔格（John Pilger）说：“蒙比尔特是个殊为悲情的人物。多少年来捍卫绿色事业的高贵形象，如今都被他转向核能毒害的大马士革皈依，还有他急欲获得当局认可的司马昭之心被击得粉碎。讽刺的是，他早已得到了认可。”[22]

所有的文化中都存在要求忠诚和惩罚背叛的俱乐部。这种怪异的偏好实际上是假设他人都被自我服务思维所迷 123
惑，而我们（管他是谁）才是洞若观火之人。我们还是不要这么自以为是，以免落入自我辩解的陷阱为好。这种缺乏自我意识的现象在人类心理之中普遍存在，这意味着我们评价自己的方式往往和我们评价彼此的方式一样扭曲。右翼评论员詹姆斯·德林波尔（James Dellingpole）在欣然点评围绕蒙比尔特的这番争议时，不幸再现了同样的理性错觉，只不过这次是站在右翼的角度：

> 经验主义，就是这样。事情要么是真的，要么不是真的。如果不是真的，却为了在意识形态上站对边而继续相信它们是真的，显然不对。可这恰恰

是左翼分子一直在做的事情。没错，乔治，正如你在这个案例中看到的那样——可惜还没说到（咳咳）“气候变化”的点子上——这么做是有害的，腐败的，应该受到道义上的谴责。[23]

如果说心理学研究能够给予我们什么启示的话，那就是我们必须警惕那种让自己的评判看似不偏不倚的自我形象。我们的评判是由情绪和自我辩护的无意识过程塑造的，免不了透着人性的味道。除此之外，其他的过程也在深刻地塑造着我们。我们的内部心理过程固然重要，但这样一个事实也同等重要：社会身份的构造方式，决定了我们只能从群体成员和社会背景的角度来看待世界。

在背景中评判

Judgement in context

近年来的政治风波把“后真相”和“另类事实”的世 124
界推到了台前。在这个世界里，我们不是寻找真相，而是寻找符合自身立场的证据。不过，这种“动机性推理”并不是什么新鲜事。如果你向人们展示人群在某个建筑物外示威的画面，他们会根据自己对示威目的的了解，看到截然不同的东西。如果有人告诉他们，这是一群争取同性恋权利的示威者在征兵办公室外抗议，或者反堕胎人士在堕胎诊所外抗议，他们的观点和对实际情况的描述往往会受到政治忠诚的影响。

我们往往对这些社会力量浑然不觉，宁愿认为我们比真实的自己更能免疫外部因素。心理学家提出了“基本归因谬误（fundamental attribution error）”这个概念，借此描述我们在评估他人动机时无视背景的倾向。比如，别人给困难人士捐钱，我们会认为这是“因为”他们心地善良；别人偷东西，那是“因为”他们品德败坏。只有借助研究才能发现，这些行为其实发生在一个对于偷窃或捐赠的决定具有强烈影响的背景之下。事实证明，要想预测普林斯顿神学院的学生会不会帮助挡道的陌生伤者，最大的预测因素在于他们是否赶时间。在实验中，这些学生要分别穿过校园，准备就“好心的撒玛利亚人”这一典故准备一篇

125 演讲。半路上走到某个门口的时候，他们看到一名男子瘫倒在那里，又是呻吟，又是咳嗽。学生会不会施以援手主要取决于他们是被告知迟到了，还是被告知时间充裕。某些特别匆忙的人为了赶到另一栋教学楼，甚至直接从受伤男子身上跨了过去！[24]

我们不去关注背景的力量，而是倾向于将彼此的品质本质化，故而当人们表现得“人设崩塌”时，我们会震惊不已。我们往往会高估人们在人生境遇中的选择，低估运气的影响，由此导致所谓“公正世界”现象，即认为人们总体上各得其所，善恶有报。例如，人们倾向于相信（本着“美国梦”的精神）自己所在社会的社会流动性比实际上要大，社会不平等程度比实际上要轻。[25]“道德运气”的问题我会留到本章稍后的部分再讨论。

我们很少泛泛地评判别人，或许只有在填写调查问卷时例外。我们评判彼此的意愿尤其受制于彼此之间的关系，以及我们所属的群体。心理学家所罗门·阿希（Solomon Asch）在职业生涯中一直在证明我们的判断是多么容易被他人左右。哪怕是最基本的感性判断，比如一条线有多长，也会因为听到别人说出与显见事实相悖的话而扭曲。图 3.3 中的例子即是如此。

右边的哪条线与左边的线高度相等？答案明显是 C，不是吗？可是，如果你听到前面七个人都答 B，到你回答的时候，你还会坚持自己的观点吗？事实证明，75% 的受

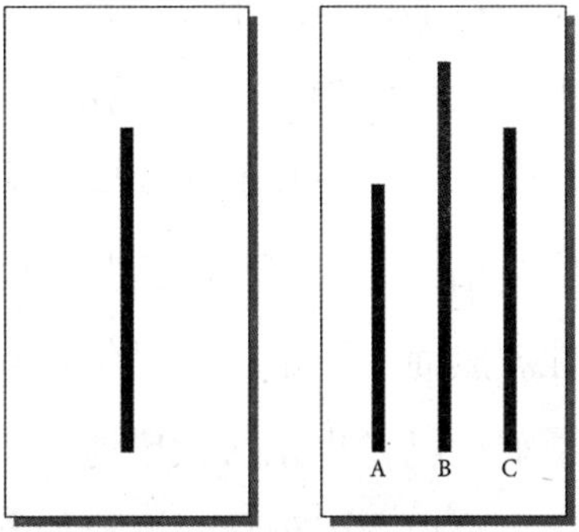

图 3.3 知觉判断——线长测试（line length test）

访学生会跟其他组员（他们是老师用来误导人的托儿）保 126
持一致，至少会选择一次错误答案。

我们的判断强烈地依赖于人际关系、群体身份或社会背景，这样的例子在社会心理学的历史上比比皆是。社会心理学研究的一大动机便是了解犹太人大屠杀是如何在现代社会中发生的。只要看到斯坦利·米尔格拉姆（Stanley Milgram）和菲利普·津巴多（Philip Zimbardo）的鼎鼎大名，就足以让人联想到顺从的被试者们在白大褂的指示下对他人进行电击，或者学生们在斯坦福监狱实验中入戏过度地扮演守卫和囚犯。旁观者效应（bystander effect）和社会证据（social proof）[(1)] [26] 等心理学概念让我们看到，他人的在

(1) “社会证据”的主流译名为“社会认同”，容易与另一个“社会认同 / 社会身份认同”（social identity）混为一谈。译者综合多方因素考虑后认为直译更佳。

场意味着规范，而我们会轻易地按照这些规范行事。

127 心理学一再表明社会身份认同对我们的影响是多么深刻。社会身份认同对于矫正我们作为原子化个体的虚幻自我形象十分重要，相比更为庸常的直觉，能够更好地揭示我们的社会本性。然而，正是由于身份认同的影响，我们才无法真正地了解自己，也无法指望他人了解我们。哪怕是最薄弱的群体关系也会强烈地影响我们判断和行动的意愿。在亨利·泰弗尔（Henri Tajfel）20 世纪 70 年代完成的最简群体范式实验中，一群男孩被随机分成两组后，很快就因为最微不足道的划分标准变得势同水火。首先，孩子们按照他们从未听说过的两位画家的名字被随机分成了两组：保罗·克利（Paul Klee）组和瓦西里·康定斯基（Wassily Kandinsky）组。后来在分配金钱或分数的时候，只要能让对方损失更多，两组人甚至都愿意己方少拿。这个最简条件原本被视为与较强边界进行对比的控制条件，孰料如此基础性、如此无意义的范畴便足以让群体内部产生偏私。这并不是一概而论地说，只要认同一个群体就必然会像上述最简条件下那样造成对其他群体的歧视。换言之，区分彼此并不一定意味着妖魔化。如果你把自己视为某个群体的一分子，并且希望自己的群体脱颖而出，那你大可通过对他人采取亲社会行动（比如帮助那些“时运不如己者”）
128 来达到目的。问题的关键在于：无论是好是坏，我们的社会身份认同和我们所属的群体都在深远地影响着我们对他人的评价。

我们倾向于与自己认同的人相关联，所以形形色色的劝说者也学会了迎合这种倾向。如果酒店希望客人在把毛巾扔出去洗之前考虑一下环境（当然还有酒店的成本），最有效的信息就是让客人知道其他人（尤其是跟客人存在相似之处者，比如曾在同一间客房下榻的人）都在重复使用毛巾。与英国政府合作研究如何增加纳税额的行为研究小组发现，一个简单的“助推”就能让结果大有不同。他们发现，只要把“英国有十分之九的人按时纳税”这句话改成“（纳税人所在地区的）绝大多数人按时纳税”，就能让按时纳税的人口比例得到提升。

这一切很容易给人盲目遵循群体思维、从随大流的印象。但事实并非如此，因为我们在允许某个群体的规范指导我们的行为之前，已经评估过什么群体能够代表我们了。我们在群体中既不会被催眠，也不会失去理智（虽然小报性质的媒体和常识经常对无脑群氓作此假设）。相反，我们这些极端社会化的动物是在有意识地按照自己的方式行事，因为群体规范是我们已经签字背书的东西。社会心理学家马克·莱文（Mark Levine）及其同事对英国球迷在什么情况下愿意帮助受伤的对方球迷做了研究。[27] 他们发现， 129
如果研究对象以曼联球迷的立场思考，他们就不愿帮助利物浦球迷；但如果他们被归入笼统的球迷范畴，他们通常会停下来施以援手。不过，如果倒地不起的人看不出来是足球迷，他们还是不大可能会帮忙。思考足球流氓问题时，我们很容易联想到“无脑”的暴力行为，即个人沦为不假思索的机器人，加入群氓之中。然而，这项研究的研究对象绝非无脑，而是高度自觉——具体的行事方式视他们自认为属于哪个群体而定。

理解这一点很重要，因为它能抵制这样一种观念：我们不是在梦游中做出道德评判，就是被富有魅力的领导人洗脑。更典型的情况是，我们先选择形成自己社会身份的群体，然后遵循这一选择带来的规范有意识地做出评判。规范管理着我们对制度的信念，也显著地塑造了我们的行为方式，以及我们对不道德行为的判断标准。当别人都已冲到队伍最前面的时候，我们继续耐心地排队就没有意义了。

此间的关键在于，社会身份认同（social identities）可以改变，而且随之而来的是，判断他人是不是“自己人”的逻辑也会改变。我对自己作为父亲、出版商、伦敦人、作家或者一个拥有阿拉伯血统和拥有家庭的人的意识，深刻地影响了我在怎样思考和行动才算合理这个问题上的决策空间。从某种程度上说，我的忠诚、自尊、偏见、接受领导或影响的意愿、公平感、团结感，以及对“像我这样的人”的偏爱，还有我的评判全都是由当时占据突出地位

的集体自我塑造的。这并不是否认我的个性，而是承认它 130
是如何通过社会镜头以最简形式表达出来的，承认我的社会身份认同改变了我所认可的入世方式。与此同时，它也催生了一种令人迷惑的想法，即无论他人的评判正确与否，我们都没有一个单一的、必不可少的自我供人评判。

我们通过社会分类创造出的群体不仅影响着我们形成的关系类型，而且能放大规范，影响我们对自身行为的道德内容作何评估。而这又会影响我们在什么事情可以允许这个问题上的道德评判。例如，在一次实验中，研究人员要求一群大学生一起解数学题，同时告诉他们可以通过伪造解题过程来作弊，甚至靠一路作弊来获取奖励。有些参与者旁边安插了一个托儿，他公然作弊，以不可能的速度迅速解完了题，然后带着最高的奖金离开了房间。此举对其他人的行为造成了显著的影响。在作弊者明显是群内成员（和参与者来自同一所大学）的情况下，房间里其他人的作弊行为会增加；在作弊者是群外成员（来自对手大学）的情况下，其他人的作弊行为则会减少。[28]

然而，我们倾向于像摩尼教那样给世界分出个善恶来，并且用后者来解释各种恶劣的行为。我们自认为归属其中或者可以代表我们的群体强烈地影响着我们对明与暗的感知，以至于可以让我们迅速地将那些外部群体的成员贬低
到较低或者较差的水平。在最极端的情况下，另一方甚至 131

会被认为是毫无价值、不可理喻或邪恶的。不过，纯粹邪恶毕竟是虚构，而且它忽略了一个事实：做出这些“恶行”的人也有各自的理由。更加令人不安的是，这些理由通常听起来（尽管自欺欺人）都很高尚——毕竟，人们不大可能认为自己是邪恶的。

心理学家罗伊·鲍迈斯特在分析暴力行为的原因时发现，贪婪和虐待在其中只占很小一部分。更为令人不安的是，在他看来，大多数暴力行为的前身都是高度的自尊和道德理想主义。乔·佩西（Joe Pesci）在许多影片中都扮演过一言不合就开枪的黑帮暴徒，他那冷面煞星的形象足以令观众隔着银幕都为之胆寒。谁要是认为他缺乏自尊，那可真是思路清奇。恶霸不一定骨子里是懦夫，即使他时刻提防着自尊心受到威胁也依然如此。鲍迈斯特给出了一个出人意料的结论：有些旨在促进自尊的改革方案也许会适得其反，因为它们可能会鼓励某种自恋性质的自我关注，而这种自我关注可能会在遭到蔑视、否定或侮辱时引发暴力反应。毕竟，荣誉准则和意识形态忠诚比其他任何东西造成的暴力行为都多。[29]

同样，意识形态纯洁性或理想主义也可能是危险的，因为它们假定只要目的正当，就可以不择手段，故而为了某种冠冕堂皇的大业，甚至不惜把酷刑和法外处决等恶行合理化——倘若这种理想主义背后还有国家力量撑腰，后果更是不堪设想。[30]

人们常说历史是由胜利者书写的。不仅如此，胜利者 132
在书写历史的时候还特别钟爱一种看似中立的口吻，一种不会被其受害者使用的口吻。史蒂文·平克把这种肇事者世界观与受害者世界观之间的不对称现象称之为“道德化差距”。受害者有着长期记忆，而肇事者坚定地活在当下；受害者扮演道德家，将相关斗争定义为善与恶的对决，而肇事者则以追求理性和减罪情状的科学家形象示人。

这一点之所以重要，是因为我们在把自己看作纯粹理性的个体行为者时，其实忽略了一个事实：社会不仅为我们的行为提供了背景，而且深深地影响着我们的本质。可是，如果我们转向某种集体观点，眼里只看到非理性行为——无论是“疯狂”的暴徒，“荒唐”的极端主义者，还是和我们忠于不同意识形态的“邪恶”的人——那我们注定只会批判别人，没有任何机会去理解他们。更好地理解我们真正的社会身份，不仅可以让我们更好地理解那些通常被我们斥为不可理喻的人，还可以让我们更好地理解自己超社会化的自我。

心理学研究给予我们的启示是，必须对那种中立、独立或公正的自我形象加以警惕。因为我们不仅会用种种无意识的、道德化的、深受社会身份认同影响的方式来评判彼此，而且在评判行为的时候，还很难把有意为之和单纯的境遇使然区分开来。

道德运气
Moral luck

133 **世人只论结果，不问背后本意，这一点历来为人诟病，对美德造成了极大的挫伤。**

（亚当·斯密）

1984年11月，在英国现代史上最激烈的劳资纠纷期间，有个名叫戴维·威尔基（David Wilkie）的威尔士出租车司机开车送一名没有参与罢工的矿工戴维·威廉斯（David Williams）去默瑟谷煤矿。就在他刚刚拐上拉姆尼以北的A465公路时，两名罢工的矿工迪安·汉考克（Dean Hancock）和拉塞尔·尚克兰（Russell Shankland），突然从一座公路桥上抛下一块重达46磅[1]的水泥砖。砖块正好击中威尔基的驾驶室，导致他当场死亡，而打车的“工贼”威廉斯也受了轻伤。

那么，汉考克和尚克兰是否因此构成了谋杀呢？法庭

---

(1) 1磅约合0.45千克。

的答案是肯定的。尽管二人声称当时只是想吓一吓威廉斯，他们还是于 1986 年 5 月被以谋杀罪判处无期徒刑。这一判决引起了轩然大波，导致七百名矿工在罢工业已结束的当时再次走出默瑟谷煤矿表达抗议。他们认为威尔基的死明显不是蓄意导致的结果，并且对如此严厉的判决感到愤怒。

一定程度上，被告犯有谋杀罪还是相对较轻的罪取决于他们的意图。谋杀的判决取决于肇事者的心理状态，这一点无论从法律还是常识角度来说皆然。那么，他们是否具备必要的"犯意（*mens rea*）"呢？意图在英国法中可不是一个简单的范畴。明显的预谋杀人，是指可以证明被告为有意导致犯罪结果的"直接故意（direct intent）"，所 134
以符合谋杀的判决。但除此之外还有一种较弱的意图也能导致同样的判决，而且它的定义宽泛到足以给汉考克和尚克兰定罪。在本案中，只要证明被告为"间接故意（oblique intent）"，即被告可以**预见**到自身行为很有可能导致死亡（哪怕他们不希望看到这样的结果），谋杀罪便足以成立。换言之，即使结果在某种程度上纯属意外，但由于被告的行为导致死亡的已知风险是如此之高，他们也应该被判有罪。

我们不妨试想另一种结果：水泥砖落到了公路上（被告坚称这就是他们的本意），仅仅造成了交通延误。在这种情况下，虽然当事人的意图和前述情形完全相同，他们也会得到更轻的判决。也就是说，只要没闹出人命，不管当初杀意多浓，他们都可能只会以谋杀未遂的罪名遭到起诉。

通过把结果和意图割裂开来，我们遇到了“道德运气”这一令人困惑的事实。这个词听起来颇为矛盾，但是正如它的创造者、哲学家伯纳德·威廉斯（Bernard Williams）认识到的那样，我们的确会为了自己控制不了的事情而互相进行道德评判。如果一个潜在的杀人犯想杀人却碰巧没有杀成（比方说目标绊了一跤，导致子弹打偏了），他所受到的判决就会比那个意图和行为与之相同，但最终杀人成功的人要轻一些。反之亦然。同理，如果我做出一些欠考虑的事情，比方说把一块砖头扔过墙头，那么根据结果不同而受到不同处置似乎也合情合理。假如砖头安然落在
135 另一侧的草地上，我可能会因为鲁莽的行为受到谴责，但不大可能受到惩罚；假如砖头砸死了一个小孩，我就得出庭受审，面对一个严厉得多的评判了。

导演路易斯·布努埃尔（Luis Buñuel）在他的电影《阿奇巴尔多·德拉克鲁斯的犯罪生活》（*The Criminal Life of Archibaldo de la Cruz*）中就曾玩味过这个想法。片中的主角是个想当连环杀手的男人，尽管他屡屡失手，可目标最后还是因为各种机缘巧合死掉了。在法庭上，阿奇巴尔多对自己的意图和深深的罪恶感供认不讳，孰料法官竟然宣判无罪——他没有造成计划中的死亡，所以没有什么可惩罚的。

看结果不看意图的做法在某种程度上有悖于我们对罪责的直觉。因此，这种一刀切的正义才会导致默瑟谷煤矿工人的愤怒。后来，该案上诉到了上诉法院，判决最终减轻为过失杀人。[31]

显然，结果和意图都很重要，只是侧重有所不同。离开法律，考察我们根深蒂固的直觉，我们会看到判断能力的种种奇怪特征逐一显现。前文描述判断的双系统法在此呈现出了另一番景象。系统一相对较为自动和无意识，似乎会让我们更多地关注结果。例如，谁要是踩了你一脚，不管他们是否有意伤害你，你都会做出反射性的消极反应。第二种判断，即系统二，更有反思性，它关注的是你对意图的感知，这反过来可以对系统一那种较为自动的反射做出修正。

发展心理学家让·皮亚杰（Jean Piaget）发现幼儿直到 136
五岁左右才能识别意图。许多实验表明，年龄那么小的儿童缺乏所谓的“心理理论（theory of mind）”。也就是说，他们很难想象别人是怎么从有别于他们的角度来看待事物的。在发展出“心理理论”之前，他们只有对结果进行惩罚的系统一反射。这意味着意外伤害和蓄意伤害在他们看来同等严重。直到后来，他们才逐渐掌握系统二的诀窍，借以解释别人的思想和可能的意图，从而将有害结果放到具体的背景中考量。

然而，尽管我们在合理化方面技艺娴熟，那种无意识的惩罚冲动却永远不会彻底消失，因为它实在是根深蒂固。有人推测，无论孩子的违规行为是有意还是无意，通过惩罚来教育他们都可以提供某种进化优势，或者说至少是必要的。如果孩子打翻了牛奶，不管是不是意外，一个耳光总归能给她 / 他一个教训，这一点在父母找不到合适的语言来解释打翻牛奶有何不好时尤其有效。看来，我们在因为结果而受罚时，学习效果才最好。[32]

当我们意识到别人的想法跟自己不同时，我们便开始从他们的角度来看待事物。长大成人后，我们学会了在直觉性的第一反应和将心比心的意图评估之间平衡。尽管如此，道德运气和当初的直觉依然存在。所以，如果有人不小心做出什么不好的事情，我们宁愿他们用内疚来惩罚自己，也不愿他们以事出意外为由，肆无忌惮地原谅自己。严格
137 说来，即使他们不该为意外造成的伤害受到谴责，他们也会产生威廉斯所谓的“施事者懊悔”。毕竟，事故的确是他们造成的，这一点无可否认。

精神变态者不会感到“施事者懊悔”。有意思的是，精神变态者对意外事故的容忍度比常人高得多。他们没有被系统一式的直觉性反射分心，所以能进行更为冷静、更动脑筋的系统二式风险评估。他们似乎既能清晰地理解意图和重视这项因素，又不会因为共情而承受那种可能导致

惩罚冲动的痛苦。

很有可能，从某种哲学层面上说，精神变态者具有技术优越性。也就是说，他们是比其他人更为理性的评判者，因为他们对意外事故（无论多么有害）更加包容。只要当事人明显没有加害的意图，精神变态者就不介意严重失误导致的伤害和损失。我们其余的人则被后果带来的痛苦所淹没，以至于连我们对正确惩罚（哪怕是不公平的惩罚）的意识都被它牵着鼻子走了。

系统一倾向于关注结果，系统二倾向于关注意图，而我们似乎会利用结果来扭曲自己对意图的感知。这种不可靠性的具体形式在于：我们首先会允许自己对结果的道德评判影响我们对意图的解读。一言以蔽之，如果我们不喜欢某个人的所作所为，我们更有可能觉得他们是故意这么做的。下面的例子出自实验哲学家乔舒亚·诺布（Joshua Knobe），他曾在一个公园里用这两个故事测试路人：

> 一家公司的副总裁找到董事长说：“我们正在 138
> 考虑开展一个新项目，这将有助于我们增加利润，但也会**损害**环境。”董事长回答：“我一点也不关心**损害**环境的问题，我只想尽量多赚钱。让我们开始新的项目吧。”新计划开始后，环境果然遭到了**损害**。

> 一家公司的副总裁找到董事长说：“我们正在考虑开展一个新项目。这将有助于我们增加利润，也将**改善**环境。”董事长回答：“我一点也不关心**改善**环境的问题，我只想尽量多赚钱。让我们开始新的项目吧。”新计划开始后，环境果然得到了**改善**。

诺布向路人提出的问题是：“CEO是否有意损害环境？”结果显示，82%的人说他是故意的。可是，当那些读了第二个故事的人被问及CEO是否有意改善环境时，就只有23%的人回答了“是”。两个故事基本相同，只不过版本二把版本一中的“损害”都换成了“改善”，人们对意图的判断竟然因此发生了显著的改变。[33]

这种反应的不对称现象如今被称为“诺布效应（Knobe effect）”（有时也叫“副作用效应［side-effect effect］”），它意味着我们会把事实评估（比如CEO的意
139 图）与价值评估（比如结果有利还是有害）联系到一起。苏格兰启蒙运动哲学家大卫·休谟（David Hume）告诫我们，事实和价值在逻辑上毫无关系，从“是”里并不能得出“应当”。然而，把事实和价值混为一谈似乎恰恰是人类判断的另一大怪癖。[34]

面对性质各异的伤害，我们会如何评判彼此呢？这个问

题深究起来比上面的情况还叫人头大，因为混淆意图和结果的倾向本身就没有定势。一个颇能说明问题的区别在于，被评判的行为究竟违背了与伤害有关的道德规范，还是违背了与纯洁有关的道德规范。对于前一种情况，弄清违规行为是否有意十分重要。若是无意为之，就更容易得到原谅。然而，当纯洁的禁忌被打破时，有意无意似乎就无关紧要了。如果某人在吃饭时放屁，不管是不是意外，我们都会给出消极的反应（这似乎与遗传下来的厌恶反射有关，它能帮助我们避免污染）。知晓伤害是不是故意的，能够帮我们做出回避还是信任肇事者的决定。这里恰好和前两章关于内疚和羞耻的讨论遥相呼应：内疚与能动性相关，羞耻则与后者联系较弱。违背伤害的道德规范与内疚相关，自然会触发对动机的究问；违背纯洁的道德规范则被视为罪人固有的罪孽。

良好判断的莫测奇景经过这番简略的梳理，足以令人再度掩卷沉思。我们理性而冷静的自我形象与我们公正评 140
价彼此的实际能力其实相去甚远。

我们能否公正地评判

Can we judge fairly?

长盛不衰的电视连续剧《陆军野战医院》（*M*A*S*H*）

讲述了一群美国军医在朝鲜战争中的生活，艾伦·阿尔达（Alan Alda）在剧中饰演主角“鹰眼”皮尔斯（Hawkeye Pierce）。作为该剧的中心人物，鹰眼半是英雄，半是反建制的段子手，他和密友 B. J. 亨尼克特（B. J. Hunnicutt）一起，不断地对战区的疯狂生活进行着辛辣点评。然而，鹰眼的境况在剧末急转直下，曾经源源不绝的妙语也枯竭殆尽，被一些直接威胁其精神健康的阴暗主题所取代。其中有个令人痛心的场景很好地展示了道德评判的双系统思维方式：鹰眼在接受心理治疗时回忆说，有一次他搭乘大巴从前线转移，车上有个女人的鸡老是咯咯乱叫，这让整车人都处于被敌人发现的危险之中。鹰眼要女人让鸡闭嘴，对方别无他法，只好闷死了它。后来，随着治疗逐渐深入，我们看到他的良心备受折磨，这才意识到事情的真相——那个女人为了拯救大家而闷死的根本不是什么鸡，而是她的孩子！鹰眼的心理防御系统崩溃了，所以他不得不重塑记忆和自己在其中的所为。这种令人痛不欲生的两难有力
141 地拷问着我们。在当时的情况下，究竟什么是对，什么是错呢？显然，鹰眼可以凭借全车人得救的结果来合理化自己的行为，但与此同时，他显然也无法原谅自己。

这种揪心的两难源于系统一式判断与系统二式判断之间的内在矛盾。前者是情绪反应（不伤害小孩），不管结果如何，只专注于做自己感觉正确的事情；后者是功利主义，

根据自身行为对他人福祉的影响做出正确的事情（拯救群体）。那么，我们能否通过这两种观点找到一种做出更好判断的方法呢？哲学家乔舒亚·格林（Joshua Greene）认为有时可以。他认识到，这两个系统实际上内嵌于我们的大脑之中，而且彼此之间存在着深重的矛盾。在《道德部落》（*Moral Tribes*）一书中，他用自带两种工作模式的相机作比，阐述了这一认识。在许多情况下，相机的自动模式（类比于系统一思维）便能让我们拍出不错的照片，但它有时并不能很好地满足某些条件（比如亮度、动态），届时就该类似系统二的手动模式救场了。道德评判的这种“双加工”能力，让我们看到了比平时做得更好的希望。

当你把道德直觉看作是能够在许多情况下促成我们合作的自动模式时，这种类比的力量就一目了然了。格林认为，我们之所以进化出这些，是为了解决“我”和“我们”的问题——也就是说，我们该如何从自私自利转向合作共赢。这种转变让我们得以收获合作的好处，具体实现方式是发展那些大致能够自动触发的系统一式社会情绪，比如内疚、 142
爱和羞耻，从而抵消过于狭隘自私的倾向。可是，这也使得我们只有在自己的道德部落中才能合作。当价值观不同的部落相遇时，我们就无法依靠那些情绪直觉来看清大局了。在自动模式下，我们的感受并不能解决“我们”和“他们”之间的问题。好在，他说，那时我们可以在系统二的手动模式下思考，借助功利主义的逻辑原则来解决这些问题。

格林还认为，系统一式道德直觉不足以支持现实道德评判的情况，在现代生活中变得更加频繁了。他特别指出，在一个可以跨越万水千山，触及海量人群的世界里，本能的直觉会把我们引入歧途。而这些自动设置，亦即我们的道德味蕾，可以用更加群体导向的冲动和根深蒂固的道德情感，比如内疚或者对良好声誉的需要，来取代自私的冲动。对于符合人类学家罗宾·邓巴（Robin Dunbar）所谓 150 人上限的社区而言，这无疑是极好的，可是我们现在必须解决一个不同的道德问题——从“我们”转为认可“他们”，而且“他们”可能不在我们的直觉想象力和共情能力的范围之内。在此，格林认为我们需要杰里米·边沁（Jeremy Bentham）和功利主义传统提供的更具系统二色彩的手动模式。这种模式下众生平等，即使你对陌生人没有像对亲朋好友那样的情感依恋，也要一视同仁。

143 格林认可乔纳森·海特的直觉主义模型，即我们首先做出判断，然后加以合理化。不过，他还认为更审慎的理性模式有时可以克服这种判断，而且也应当克服这种判断。在这个更谨慎的系统二模式下，许多人对“马克”和“朱莉”的看法有了逐渐改善的迹象。格林先给学生们讲了兄妹俩的故事，然后分别用好的理由和糟糕的理由为他们的行为辩护。好的理由是，我们对这个故事的反感是一种进化外延，曾几何时它可能帮我们创造出了乱伦禁忌；糟糕的理由是，兄妹做爱能让世界“更有爱”。这两种逻辑依据虽然大相径庭，但它们均未影响学生们最初的恶心反应或道德退缩，很多人该反感还是会反感。可是片刻之后，那些听过好理由的人就变得更宽容了。[35]

格林的双加工模式表明，我们可以让理性考量与我们易于采用的系统一式直觉相平衡。他的期望是令人钦佩的，而且来自这样的认识：在一个科技可以让人远隔千里作恶或行善的时代，我们那套处理小群体的道德设备有时并不适合处理当下面临的新困境。

心理学家保罗·布鲁姆（Paul Bloom）在其著作《失控的同理心》（*Against Empathy*）的前言中也探讨过这些问题：[36]

> 同理心有时可以激发善行，这一点我同意。只是……同理心毕竟是偏颇的，会把我们推向狭隘主义和种族主义。它是鼓动性的短视之举，可 144
> 能会在短期内让事情变好，但是从长远来看却会导致悲剧性的结果。它对数字完全无视，爱一人胜于爱众生。它可能会激发暴力——我们对亲近者的同情是一种强大的力量，可以导致对他人的战争和暴行。它还会腐蚀人际关系，耗尽精神，削弱善与爱的力量。

这是一个非常重要的观点。我们可以称赞同理心，但也要认识到它的局限性。正如布鲁姆指出的那样，同理心可能对良好的家庭教育构成阻碍，因为它会让我们在惩罚孩子时于心不忍，可有些时候适当的惩罚却是必要的。

共情倾向可能会严重破坏我们公平判断的能力，甚至是按道德行事的能力。例如，由同理心导致的选择可以通过对数字的不敏感来限制我们。这意味着，如果仅仅帮助一两个人，我们尚能在道德上感到充实，爱心满满。可一旦要帮助的人多了，而且他们的痛苦无法为我们感受时，我们行善的意愿就会大打折扣。这是因为，他们没有为我们的同理心提供可以与之共鸣的个人故事。

按照格林和布鲁姆的意思，我们已经发展出了调和彼此之间相斥需求的方法，只是在涉及我们还是他们的抉择时效果欠佳。倘若此言不虚，这对我们如何评判彼此的判断又有什么启示呢？只有系统二式的做法值得赞扬吗？那些让孩子受苦也安之若素的虎爸虎妈永远值得钦佩吗？布鲁
145 姆和格林都没有说我们应该这般无情，但他们显然相信反思性的系统二模式更有可能让我们做出良好的道德评判。他们的逻辑也的确说得通。

然而，这种逻辑存在一个不容忽视的局限：倘若只有精神变态者才不会像鹰眼那样左右为难，那这种逻辑对于正确的评判又有什么意义呢？一味地根据功利来评判，就

是在某种意义上变得非人。在人类眼中，寻求纯粹理性是一条死胡同。我们不喜欢无情的人。我们必须知道他人在内心深处是在意的，哪怕这种在意是否恰当还有待评估。冷静固然有它的优点，可如果一个人没有表现出恰当的情绪，我们对他的判断能力就重视不起来。下面这段话是哲学家约翰·多里斯（John Doris）和斯蒂芬·斯蒂奇（Stephen Stitch）对伯纳德·威廉斯的回应：

> 如果某种道德概念鼓吹的关系、承诺或人生项目与那些很有可能根植于实实在在的人生，并且为人生带来勃勃生机的依恋相冲突，这样的道德概念，恐怕充其量只能得到我们勉为其难的认可。[37]

纵然布鲁姆指出了同理心的种种局限，可如果没有正确的情感与之作比，他的观点也会失去意义。相比每天晚上念书给孩子听的慈爱父母，我们永远不会认为乐善好施（出于沽名钓誉）的精神病态者更值得称赞。狭隘的功利主义分析告诉我们，精神变态者可能比某个具体的父亲或母亲做得更好，可是从人性的角度来看，这一点就站不住脚了。[38] 鲁伯特·布鲁克（Rupert Brooke）[(1)] 听闻猫头鹰鸣叫后产

---

(1)　此处作者有误，《猫头鹰》（*The Owl*）实为另一位英国诗人爱德华·托马斯（Edward Thomas）的作品。

生的感想严格说来并不理性，却能触动人心。要想成为完
146 整意义上的人，我们就得为这样的情愫留下空间：

猫头鹰

下山的我饿虽饿，却不致饿死；
冷虽冷，却因为热血尚存
无惧北风；累虽累，却让那
屋檐下的安歇成了无上美事。

直到在旅店里进食，烤火和休息，
方知自己是多么饥饿，寒冷和疲惫。
整个夜都被拒之门外，只听见
一只猫头鹰，哀婉凄绝的孤啼。

悠长而清晰地回荡于小山，
既无快活的调子，亦无快活的缘由，
只是直白地诉说着我今夜暂避
别人却未能脱逃的劫难。

食物加了盐，我的偷安也难宁，
那阵阵鸮啼，发人深省，
诉说着所有躺在星光下，

无法欢庆的士兵，和贫民。

我们既要知晓如何评估某种行为的好处和代价，也要确定自己的情绪基调是否恰当。布鲁克没有做任何有用的事情，但他的同理心足以令我们在任何情况下都给予好评。我们不光要接受情感反应和情绪反应，而且要认识到，它们也是人生意义和人生目标的来源。人人都有各自的偏好，所以我们的评判会被情绪装点得五颜六色，塑造得形态 147
万千，非如此则少了几分人情味。这样的评判难免会有失偏颇，可是一旦涤净了这些杂质，世界又会变得无色无味。即便我们自知意气用事不可取，那种机器般狭隘的功利主义思维也绝非我们心向往之的归宿。

退一步说，即便格林和布鲁姆用系统二式理性思维克服系统一式无脑冲动的主张全然正确，由于进化使然，我们的本性也难以接受这样的做法。想想看，真相和声誉，究竟哪一个对我们祖先的生存更重要？[39]根据海特的观点，答案是后者。他认为早期的社会化人类之所以能提高他们的生存概率，并不是通过准确地认识世界，而是通过确保自己被必要的合作者积极看待。这意味着我们把“证实性思维”（寻找有利的证据）置于“探索性思维”（把事情弄清楚）之上。

我们或许会满心期待着用系统二思维克服系统一思维

的偏差倾向，殊不知此间其实存在一个问题：这个过程是无意识的，所以我们极少能左右它们。同样，由于它们是无意识的，所以我们通常无法通过反馈来获悉自己需要学习和改变什么。如此看来，我们就不该想当然地认为自己可以凌驾于这些反射之上了。有些专家认为自己可以凭借专业知识来对抗这种倾向，结果反而跌得更惨。他们倾向
148 于高估自己的客观化能力，故而在某些方面更容易受制于这些局限。正如丹尼尔·卡尼曼本人以相当挑衅的口吻所说的那样，“教心理学基本是在浪费时间”。

这里发人深省的事实是，即便我们使用系统二式的道德推理，那也不是出于理性、冷静的评估，而是出于说服他人的策略考虑，最终的目的恰恰是支持那些基于品味的道德评判，而非检验它们。其主要作用是充当我们“内心的辩护律师”（借用海特的原话），寻找证据来证明我们的直觉判断是正确的——尤其是在那些对你的判断进行评判的人眼里，让你的理由站得住脚。如此看来，就算我们处于更为理性的道德推理模式下，也不过是片面辩护的一个翻版，被自私的动机以及事后合理化撕裂了。为什么我们有这种奇怪的心理结构？人类的脑容量在过去 500 万年里翻了 3 倍，不仅发展出了语言，推理能力也大为提高。可是，为什么我们进化出了一位内心的辩护律师，而非内心的法官或科学家呢？对我们的祖先来说，探究真相难道不是更

适应环境的选择吗？[40]答案是我们进化成了更在乎声誉的样子，这表明通过诉诸逻辑或证据来改变某人对别人（包括对你）的看法从来都不容易。

心理学家菲利普·泰特洛克（Philip Tetlock）在仔细研究了专家和外行人如何做出判断和预测后，得出了这样的结论：**证实性**思维几乎总是完胜**探索性**思维。正如我们所见，证实性思维是一种令人满意的倾向，因为它能抓住那 149
些证明自己是正确的证据。反观探索性思维，只会一味地追求真相，哪怕对自己不利也实事求是。在泰特洛克看来，探索性思维只有在三种条件下才能战胜证实性思维：

1. 你在做决定之前知道自己要对观众负责；
2. 观众的意见不详；
3. 你相信观众不但消息灵通，还关心准确性。

尽管科学家们难免有个人局限，但整个科学界追求的目标（有时也的确做到了）正在于此。在缺乏这些条件的情况下，“思维的一个中心功能便是确保个体的行为能够以令人信服的方式为人接受或谅解”。[41]我们要做的即是说服他人和自己。

我们不必在道德评判的这些特征为何会产生这个问题上全盘接受进化学的解释，便能认可上述分析的强大。需要注意的是，当你我对自己的判断感到胸有成竹时，我们应该意识到，我们的许多内在机制都能为自我服务的道德观创造确定性。不靠谱的判断就像贯穿于糖棍[(1)]的文字一样贯穿我们。我们有偏见和名誉要保护，也有联盟要缔结。

这些见解似乎印证了大卫·休谟对人性的看法。作为
150 一个彻头彻尾的自然主义者，他那高瞻远瞩的智慧一度失宠于时代，直到最近才枯木逢春。边沁、康德（Kant）和柏拉图（Plato）等哲学家认为道德评判是一个理性工程，抽象理性本身就是道德动机之源，而休谟却说：

> 道德在事物的抽象性质中毫无意义，却和每一个具体存在的情感或精神品味息息相关，就像甜与苦、热与冷的区分来自每个感官或器官的特定感觉一样。因此，道德感知不应与理解的运作归为一类，而应归类于品味或情感。[42]

休谟指出的这一点我们连察觉都难，更不用说承认了。不过，道德心理学的证据似乎证实了他的观点。海特把有意识的自我形容为大象背上的骑象人，而我们就像这幅画

(1) 糖棍：一种铅笔状的英国传统硬糖，通常为薄荷或留兰香口味，棍芯有贯穿首尾的文字。由于糖棍一般是海滨景区出售给游人的纪念品，故而以景区或产地命名，比如布赖顿糖棍和布莱克浦糖棍。

面暗示的那样，缺乏自觉控制。传统道德理论之所以并不总是能与人类经验产生共鸣，就是因为它们过分地迎合有意识的骑象人，而忽视了大象正在承受情感重担这一事实。[43]

克制或反思评判

Reserving (or revisiting) judgement

> 我们在生活中进入新环境，邂逅新面孔时，总会带着早已形成的偏见还有过去与人相处的经
> 验，然后把这些偏见投射到新的对象身上。事实上，151
> 了解一个人在很大程度上就是一个撤回投射的过程，亦即驱散我们主观臆测的烟幕，还对方以真实面貌。
>
> （安东尼·斯托尔语，转引自布莱恩·麦基的《卡尔·波普尔》，伦敦，1973 年）

在这段引文中，我们既看到了需要应对的问题，也看到了解决问题的空想。之所以说空想，是因为正如我在本章已经论述的那样，我们的偏见、投射和烟幕，还有我们的道德解读、自我服务动机和敏感点又多又杂，而安东尼·斯托尔试图让我们相信，只要驱散这些幻象，大家就能看得

更真切。这个建议虽然鼓舞人心，却终归是不切实际的幻想。现实情况非黑即白，所以没有人能真正理解你。既然我们总是易于流露出这些倾向，那么与其对自己的判断矢口否认，或者自欺欺人地指望它自动消失，倒不如学会如何去质疑判断。我们可能会认同《了不起的盖茨比》（*The Great Gatsby*）里尼克·卡罗威（Nick Carraway）的那句“不妄加评判就是给希望留下无限的余地”，也可能会真心实意地尝试去抑制说三道四的冲动，以便让人拥有喘息、成长和完善的空间，不致在遭人非议的羞赧中孤立无援。然而，评判这东西似乎想甩也甩不掉，哪怕我们自认为没有说长道短，那也一定程度上只是因为我们没有注意到而已。

就连那番关于梁木和刺的金玉良言，也是说来容易做来难。这是因为最高明的说谎者早已说服了自己，没有必要为自己动机不纯而难堪。正如罗伯特·赖特（Robert Wright）在《道德动物》（*The Moral Animal*）一书中所言，
152 “人类这个物种的道德设备之丰富无与伦比，滥用道德设备的倾向之强烈令人悲哀，对这种滥用的无知更是固化到了无可救药的程度”。[44]

正如我已经在本章中努力展示的那样，道德主义、出尔反尔、自以为是、选择性忠诚和表里不一对我们来说堪比“灵命日粮”，是我们在评判时绕不过去的坎儿。

我们的评判虽然弊端多多，但它们的规律和风格还是值

得好好探讨的。别忘了，同样的道德直觉也能带来可观的益处。实验者或许会巧妙地让我们看到自身能力的不足——比如前文那些研究人类知觉的学生，他们借助众所周知的视觉错觉展示了人类视觉系统的局限性——但我们应该认识到乔舒亚·格林（Joshua Greene）乐于指出的这一事实：我们那台双模相机的自动模式在多数情况下其实也非常强大且有用。

这种在社交世界趋利避害的能力，对我们的为人与合作功不可没。唯有铭记这一点，我们在评判自己的评判时才不至于太过严苛。新闻议题建立在背离常理的特例之上，正所谓“越惊悚越轰动”，或者像某位新闻工作者点评的那样，“狗咬人不是新闻，人咬狗才是新闻”。由于我们总是热衷于那些博人眼球的坏事，所以平淡无奇的好事反而不受待见了。然而，大多数时候人不会咬狗，而是与狗和睦相处。同样，合作其实是人类互动的主流，只是这一点较少被提及。人类合作的规模之大在自然界绝无仅有，而我们代代相传的道德直觉正是为了实现这样的合作而存在的。这段文字是我在等待晚点的航班时写的。当时大家 153
都很沮丧，但还是设法控制住了局面，没有闹得不愉快，哪怕我们主要关心的是自身需要，并且用这副有色眼镜来看待外界。在整个过程中的大部分时间里，我们基本都照顾到了彼此的利益。

无论我们是贬低评判还是承认它的优点，评判都是人生无法回避的内容。不说别的，至少很多时候评判都会不知不觉地发生。因此，那种尼克·卡罗威（Nick Carraway）式的切实克制评判的想法，基本就跟所谓客观评判一样，同属痴人说梦。认识这一点非常重要。从言辞上看，克制评判这种错觉本身甚至有可能让自我服务合理化："我不是在评判你"成了某种免责声明，就像"人家只是开玩笑啦"一样，既传达了观点，又否认了出处。换言之，如果你把评判我这件事处理得模棱两可，那么不管你在烟幕后面（这里的烟幕换成了客观中立）隐藏了何种曲解，我都没有办法质疑或反驳你。

那么，我们能做什么呢？在鄙人看来，既然我们总免不了评判，不如痛痛快快地承认自己在评判，承认彼此的评判无论如何都是片面的，进而在逐渐了解人和事的过程中不断修正我们的评判。也就是说，承认你对某人的看法，但不要止步于此，而是对新的证据持开放态度。根据海特的建议，其中一个方法是：

> 想想最近你和自己关心的人发生过什么人际冲突，然后找出一件你的做法不可取的事情来。你可能做了一些麻木不仁的事情（即使你有权这么做），也可能做了伤人的事情（即使你的本意

> 是好的）或者与你的原则不一致的事情（即使你可以为它辩护）。刚刚看到自己的缺点时，你可能会听到内心的辩护律师在施展三寸不烂之舌，为你开脱并责备他人。那些你都尽量不要听。你的任务是至少找出一件自己做错的事来。

本着梁木和刺的精神，他认为这个过程就像是从皮肤里拔出刺，“刚开始会疼，但最终能带来解脱，尤其是带来另一样东西——荣誉感。而这又会让那些过度道德化的愤怒和批判之情软化下来”。[45]

另一种反思评判的方法是：发现评判的价值，同时认识到无论你得出过什么结论，都可以随时修正。想象一下，在未来的某个时刻，你需要做一个非常艰难的决定，比如为你的孩子择校，比如接不接受需要你迁居外地的工作，或者要不要和某人同居。与其自欺欺人地摆出一副不可知论的态度，不如先持有某种临时性观点，哪怕在最终必须当机立断之前，你的立场会随着论据和论点的完善而反复摇摆。

评判另一个人从来不是一锤定音的买卖。有太多的事情需要了解，也有太多的事情永远无法明了。约瑟夫·康拉德（Joseph Conrad）之所以说“我从来没有遇到过无聊的人”，原因不正在于此吗？可问题是，小说家们总是在审视和思考笔下的人物，并且始终对他们如何粉饰自我的问题兴趣不减，但现实中的我们一旦有了某种临时性看法，就会安于现状，丧失掉那种自由想象的冲动。颇为矛盾的是，当我们不断地对这种临时性看法进行评判和修正时，评判竟然会因为无处不在而变得不那么重要了。另一方面，习惯了不断转变思路的我们不再拘泥于某个难免偏颇失真的观点，也让评判变得更有条件性了。在我看来，我们恰恰可以借此向反思评判悄然靠拢，乃至向克制评判无限接近，不再落入妄想它自动消失，或者被它牵着鼻子走的窠臼。无论如何，评判本身总是存在的。所以，我们偶尔也会梦想着逃避这一切。

第四章

摆脱评判

Breaking free

▼

世人的评判我洗耳恭听； 157
可是据我所知，
我所遵从的唯有自己。
（米歇尔·德·蒙田）

在我身处巴格达的早年岁月里，我们一家经常光顾阿尔维亚俱乐部。那是一个综合设施，有户外泳池，有餐馆，有网球场，还有一种永远阳光灿烂的感觉。如果你问我在伊拉克留下的最美好的回忆与什么地方有关，那一定非阿尔维亚俱乐部莫属。户外影院是俱乐部夜生活的一大亮点，而所谓的影院不过是一块白色大银幕、一台放映机，再加草地上摆的折叠椅。然而，在彼时只有五岁、天真烂漫的我看来，那些夜晚总是能让人兴奋不已。我最爱看的电影是迪士尼的卡通片《森林王子》（*The Jungle Book*），它经常在那些温暖的夜里放映。无论是片中的冒险、角色、剧情还是歌曲都深得我心，我尤其喜欢毛克利在丛林中那种看起来自由自在的感觉。[1] 五岁大的我还幻想自己能像毛克
158 利一样免于旁人滋扰，落拓不羁地生活。我想摆脱成人的约束和规则，哪怕暂时也好。《森林王子》改编自吉卜林（Kipling）的小说《丛林之书》和《丛林之书续篇》（*The Second Jungle Book*），而原著讲的是一个野性未驯的野孩子逐渐学会承担义务和责任的故事。吉卜林在放任毛克利（Mowgli）的顽皮之余也不忘寄托寓意，他强调这个故事归根结底是为成人准备的，意在告诫他们必须学会节制和隐忍，以此管束过于强烈的早年奇想。故而不难想象，吉卜林虽然在探索毛克利早年无拘无束的丛林世界时不吝笔墨，但终将在某个时刻把童稚之气收敛起来。正因如此，他的好友罗伯特·贝登-堡（Robert Baden-Powell）才决定把《丛林之书》定为童子军运动的励志经典。在贝登堡 1917 年推出的初版童子军手册中，初级成员被称作“狼崽”，而他们的领队被称作“阿克拉”（毛克利的狼爸爸）。这套称谓一直沿用至今。

在阿尔维亚俱乐部看《森林王子》的那些夜里，我被片中天马行空的想象力迷得神魂颠倒，却几乎对它所要求的那种斯多葛式的克己毫不感冒，反倒因为调皮莽撞，去医院缝过好几次针，偶尔还要修复骨折。彼时的我是多么悠

然自得。直到今天，那份感觉依旧在我心中占据着一席之地。我仍然憧憬着摆脱束缚人的传统、规则和期望，也仍然想象着自由飞翔，或者没有评判的人生是什么样子。

如今，我们的孩子往往被放在温度过高、保护过头、规划过度的温室环境下精心呵护。我真希望他们也能享受 159
过去被我们戏称为“鬼混”的时光，不受管束，信马由缰。除此之外，我还觉得我们应该尊重儿童与我们的本质差异。与其关注他们与父母或彼此的相似之处，我们不妨记住这一点：从某种程度上说，儿童就是混在我们中间的陌生物种，他们生来便与社会规范格格不入，年幼的小儿更是如此。在他们眼里，成人礼俗的世界想必是匪夷所思的。这不，威廉·詹姆斯（William James）就曾把婴儿对世界的印象形容为“一片乱糟糟、闹哄哄的混沌”。儿童与你我看待世界的眼光是多么不同，由此便可见一斑。多年来，他们一直置身于我们的时间、规范、控制和思虑等概念之外。要想让儿童也担心他人的评判，就得让他们具备察言观色的能力，而这种洞察力通常要经过几年的发展才能形成。可惜的是，孩提时代那种奇特的动物式自由却经不起成长的严酷考验，其中一道坎儿便是一个对外界评判异常敏感的阶段：青春期。我的女儿安娜曾用习以为常的口吻点评过学校里那些错综复杂，既有派系分野，又有等级差异的小团体。她的语气背后其实隐藏着对于何时会被接纳、何时会被拒绝的日常担忧。

“毛克利”这个名字出自吉卜林虚构的“森林的语言”，意思是“青蛙”，个中深意在于凸显毛克利光溜溜的身子与他那些毛茸茸的朋友形成的反差。回想起来，毛克利其实为我展现了一种人生观，那就是超社会性动物可以摆脱层层束缚、令人窒息的社会规范，尽情彰显更为野性的动
160 物身份认同。窃以为，与我同感的人应该还有不少。成年的我们对于逍遥物外怀有持久的渴望，总是盼着能在一定程度上摆脱传统、妥协以及他人的评判，而此类关于逃避的梦想可以让我们与向往自由的古老需求产生共鸣。一个朋友最近告诉我，他参加过一次正式程度令人咋舌的宴会，那里的桌布和餐巾浆得笔挺，侍应生的制服浆得更挺，餐桌上的餐具之丰富令人眼花缭乱。可他却感到一股强烈的冲动，想直接用双手把碗捧到嘴边，咕咚咕咚地喝个痛快。我们在逆反社会教化的真实自我诱惑下，可能会被某种动物天性所吸引，憧憬自己像个野蛮人（不一定高贵）一样屹立于炫目震耳的人世纷扰之外。

从罗慕路斯（Romulus）与雷穆斯（Remus）（还是婴儿的他们被遗弃在台伯河边，后来被狼发现并抚养长大）到人猿泰山，狼孩类的神话和寓言不胜枚举。除了这些引人入胜的虚构故事，我们偶尔也会在现实生活中遇到儿童被弃于文明之外的真人真事，它们同样吸引着我们的注

意力和好奇心。弗朗索瓦·特吕弗（Francois Truffaut）的《野孩子》（*The Wild Child*）和沃纳·赫尔佐格（Werner Herzog）的《卡斯帕尔·豪泽尔之谜》（*The Enigma of Kaspar Hauser*）即是描绘此类现实案例的电影作品。

哪怕李尔王（King Lear）所说的“生来的本貌”确实是一种相对低下的生活形式，哪怕“没了身外之物的人不过是像你这般赤裸可怜的两脚兽”，[2]我们也仍然乐于看到回归原始、蛮化未开的自我，逃离他人无休止的注视和期望，获得独立发展的机会。本章将要探讨的就是这种摆脱人类评判的冲动。

图 4.1 毛克利，约翰·洛克伍德·吉卜林（鲁德亚德·吉卜林的父亲）所绘。一张来自《丛林之书续篇》的插图（1895）

动物和艺术家

Animals and artists

哲学家马克·罗兰兹（Mark Rowlands）曾领养了一只 162
小狼崽，并且在其后十一年里与之朝夕相处。他们的故事可谓角色倒置的现实版狼孩传说。罗兰兹在其回忆录《哲学家与狼》（*The Philosopher and the Wolf*）中用感人的笔触记述了这段深厚的人狼情。整整十一年里，那只名叫布雷宁（Brenin）的狼每天都黏在罗兰兹身边，无论后者是在讲课、做饭还是打橄榄球。一方面，罗兰兹明显对这位形影不离的伙伴怀着至深的敬仰（还有爱）；另一方面，他又时常感慨人类世界的相对堕落。在书中，他对布雷宁的纯洁和诚实极尽尊崇，而对猿猴一般的人类则流露出鄙夷之情。在他看来，后者满脑子都是关于操纵、讨好、引诱和偷窃的算计。

> 要想了解狼的灵魂——狼的本质所在——就要观察狼的行为。而我不无悲伤和遗憾地发现，暴躁粗野的猿猴发出的喧闹，也恰恰是其灵魂之暴躁粗野的体现。[4]

罗兰兹热爱狼的冰清玉洁，厌恶猿的尔虞我诈和两面三刀。言下之意即是，假如人类能多几分狼性，一切都会好得多。可惜这是一个难以逾越的鸿沟。那种如同人类被逐出伊甸园之前那般天真无邪的野孩子，真的存在吗？正如维基百科的“狼孩”词条所述：

163 虚构和传说中的狼孩往往被描绘成具有相对正常的人类智力和技能，与生俱来的文化或文明感，以及适度的生存本能。他们融入人类社会的过程也被处理得相对容易。

在《丛林之书》的结尾，毛克利看起来一点也不像一个进入人类文明的狼孩，反倒更像是从一种文化迁移到另一种文化的典型移民。人类和其他动物甩开距离的优势所在是一个众说纷纭的话题，有一长串特征可供考虑，比如语言、计划和远见、使用工具的能力和文化演进。不过，与本书联系最紧密的关键区别恐怕当属我们在拉帮结派方面的过度投入。进化心理学家约翰·托比（John Tooby）认为，结盟本能是一项把我们与动物界其他成员深刻区别开的特征。根据托比的理论，结盟本能——即组成团队的能力——使得弱势个体组成的团队能够与更具支配力的阿尔法雄性竞争。两人组队可以击败一人，三人组队可以击败两人，以此类推……然而，这种程度的协调与合作带来的诸多好处，似乎并不受其他动物待见。由此可见，那些我们自认为归属其中的群体深刻地影响着我们。

> 只有当某人（比如你）将你解读为成员时，你才是联盟的一员，否则就不是。我们把结盟投射到一切之上，就连科学这种结党营私没有立足之地的领域也不放过。我们都被身份迷了心窍。[5]

为了在这个世界上立足，任何具有一定复杂性的生物都 164
要做出相对成功的判断才行。一种生物如果无法感知和评估自身所处的环境，就很难生存下去。捕食者和被捕食者唯有通过对局势安危乃至最后一击的距离做出精确敏锐的判断，才能演好各自的角色。然而，所有的动物不仅会判断周遭的物体和物理空间，还会不停地揣度彼此。爬树和逮耗子对猫的要求截然不同，前一种情况只用判断哪些树枝能够承受自己的重量即可，而后一种情况必须预判猎物可能在想什么。同样，老鼠也在揣测，它可能会猜猫做出了怎样的预判，然后在此基础上改变自己的方向。这种针锋相对的复杂性植根于大多数有情生物的社会交往之中。

进入人类世界，你会发现事情的复杂程度立马上了一个台阶。除了动物已有的那些复杂性，我们这些具备语言能力的超社会动物，还学会了从群体内外的合作与竞争中受益。只是，此举让人类得以凭借更高水平的合作获取巨大的好处，也极大丰富了我们相互说服和误导的手段，为骗子和搭便车者提供了有利条件。所以我们现在不但要走一步看三步，还要辅以层层相叠、往往是无意识的修正。

要想应付这场预测和反预测的军备竞赛，我们的脑容量就要足够大。与其他哺乳动物相比，人类在出生时可谓发育不全，这是一个众所周知的事实。鹿宝宝在出生后几个小时内便可自己行走和进食，人类婴儿在出生后却至少要
165 发育十年才能相对自立，再过十年才能完全成熟。我们的脑容量比其他哺乳动物大得多，所以需要在子宫外继续发育。这样既能让母亲在保持直立行走的同时得以顺利分娩，又能让开发大脑潜能所需的社交机制发挥作用。

哺乳动物的脑容量各不相同，其中人脑独占鳌头。在动物界所有可能与脑容量相关的事物中，最有相关性的便是动物所在的社会群体。黑猩猩大约 30 只一群，成员之间通过大量地梳理毛发来维持亲密关系。人类则可以在 150 人以上的群体中共事，同时保持归属感并认识彼此。人类学家罗宾·邓巴（Robin Dunbar）认为，我们之所以演化出语言，是为了取代梳毛，从而让能够真正形成稳定关系的人数大大增加[6]。不过，要想处理好 150 个人，我们还需要某种类似于超距作用的东西。邓巴指出，这种人类特有的机制就是八卦，它能在梳毛永远无法企及的距离之外影响

声名沉浮。有人曾经打趣说，秘密就是只会再跟一个人讲的事情。这种口风不紧的习惯如果放大到人群中，会发展成一种监督机制，而且颇为矛盾的是，它竟然能为信任和社会合作奠定基础，最终让声誉在道听途说和口耳相传的过程中起伏涨落。

我们是非同寻常的动物。拜天真的现实主义所赐，我们倾向于以个体化、原子化的理性施事者形象看待自己，隔窗窥世般体验生活。这一点我在上一章已经论述过了。 166
正如游水的鱼意识不到自己周围的水一样，我们也很难看清赋予自身行为以意义的社会现实。然而，忽视了社会现实，就是只见水面上有意识思维的冰山一角，无视水面下无意识活动的巨大山体。一个世纪以来的心理学研究证实了弗洛伊德的观点：我们的自我并不是一家之主。我们在上一章已经看到，内隐偏见、认知错觉的相关探究和道德心理学的揭示一再表明，我们并不清楚自己做事和思考的缘由。多少世纪以来，许多人都曾就理性和情感之间的关系以及它们如何与人类的判断相纠缠的问题争论不休，最早的可以追溯到柏拉图。一方面，有人宣称理性是判断最初也是最首要的驱动力；另一方面，像大卫·休谟这样的思想家则宣称“理性是而且必须永远是激情的奴隶”。

上一章列举的证据表明，休谟是对的。只要涉及如何评判彼此，尤其是围绕是非对错展开时，我们的最初反应都是情绪主导的直觉，只是事后才用看似合乎逻辑的理由加以粉饰。雨果·梅西耶（Hugo Mercier）和丹·斯珀伯（Dan Sperber）在他们的《理性之谜》（*The Enigma of Reason*）一书中指出，理性本质上是以争辩的方式展开的。我们很容易受到上一章论及的各种偏见和思维捷径的影响，因为我们的目标不是做出逻辑推断，而是让自己听起来有
167 理。乔纳森·海特的总结十分精辟：“我们生活的世界并不是由岩石、树木和实物构成的，而是充满了侮辱、机遇、地位象征、背叛，还有圣徒和罪人。”[7]与狼不同的是，我们在行走世间时必须明白，我们混得好不好很大程度上取决于我们能否娴熟地评判他人，还有他人对我们的评判是好是坏。虽说评判往往有失偏颇，可我们施展评判的技术水平却不尽相同。有些人比那些事不关己高高挂起的人更善于观察，更见微知著，也更加好奇，故而能够在评价他人时提出更多的论据。即便如此，碍于时间和注意力所限，以及不可能掌握全部情况（这一点我们将在下一章详细探讨）这一事实，他们也无法完全避免评判的局限性。

我们想要逃离评判的世界，却注定甩不开它，而且注定以一种怪异的方式去参与其中，被矛盾的动机和偏颇的看法撕扯得近乎分裂。由于社会和充满内涵的人际网络对我们栖身的自我有着根深蒂固的影响，“狼孩”这个词实际上成了某种运用矛盾修饰法的文字游戏，在现实中根本

不成立。人类学家克利福德·格尔茨曾把文化描述为一系列“旨在管治行为的控制机制——计划、处方、规则、指令。”[8]这么一说，我们就更能理解自己为何会幻想挣脱这些束缚了。格尔茨认为，虽然所有的动物几乎都有自己与生俱来的控制机制，可人类却“拼命地依赖于”习得的文化程序——就像毛克利那样，而且只能在特定的社会环境中方能“完善自我”。他总结道，摆脱了文化之后，人类不会像鸟儿一样自由，而是会沦为“无法运行的畸形物， 168
只有为数不多的本能在发挥作用，少之又少的情感可供辨认，而且毫无智力可言：不啻一个心理上的人彘”。在这方面，人类和动物世界之间的鸿沟几乎是不可逾越的。维特根斯坦（Wittgenstein）也从相反的角度对此做了点评：“即使狮子会说话，我们也听不懂。”[9]

这一点不仅适用于笼统的生活形式，而且在我们试图摆脱社交技巧的时候也同样适用。我们常常用“思想独立”“诚实可靠”“玩世不恭”或“别出心裁”之类的词语来形容人，但我们这么做时总是被他们说话或行事时所处的文化背景所蒙蔽。例如，小说家司汤达（Stendahl）曾经沉迷于“随性自然”这一注定无法实现的想法。他决定“想到什么就说什么，直抒胸臆，毫不造作，避免在言谈中刻意追求某种效果”。[10]而且他认为只有“学会表现得漠不关心”，才能做到这一点。在此，我们已经可以看到这种想法的矛盾之处了：学会漠不关心，就像刻意让自己显得放松一样，是“意欲不可意欲之事”。同样，就连“诚实可靠”这个概念的表述，也得借他人之口才能实现。

由此可见，我们永远无法切实地摆脱社会影响。但即便明知如此，我们还是不愿放弃狼孩幻想。狼孩诉说着一种对自由的深切渴望，它意味着从他人的注视中解脱出来，意味着（对于那些有幸感到自己强大的人来说）随心所欲地发明自己、塑造自己、超越自己。无论现实多么绝望，这种渴望都能给予我们不同程度的激励。纵然我们的社会属性如同遮羞的衣物般不可或缺，褪去这层束缚的幻想仍然具有多方面的价值。任凭日常生活中的评判如惊涛骇浪
169 不绝于前，一股不为他人期望而折腰的逆流始终是一种强大而富有创造力的冲动。人生之中最丰富多彩、最称心如意的经历，往往就肇始于打破规则，颠覆权力，以及坚持个性之声的冲动。

W. B. 叶芝（W.B. Yeats）在《外衣》（*A Coat*）这首诗里便主张挣脱评判的桎梏：

> 我为我的歌做了件
> 缤纷的外衣
> 上面绣满了
> 古老神话的画面；

愚人们把它夺走，
穿起来向世人炫耀
俨然是出自彼手。
歌啊，任他们拿去，
因为赤裸而行
才更显进取。

尽管像狼一样自在自然的尝试根本行不通，但叶芝这样的艺术创作者还是让我们看到了挣脱桎梏的其他方法，哪怕它们只有在人类文化的背景下才能实现。毕竟，他依旧是那个对心上人说“轻一点啊，因为你脚踩着我的梦”的诗人。追求自由的艺术冲动往往被塑造成对他人评判的放弃。我们看到过无数个这样的艺术家：他们比多数人更为不羁——更离经叛道，更别出心裁，也更加躁动不安。这便是文学评论家哈罗德·布鲁姆（Harold Bloom）所谓的“强力诗人”，他们不会被“影响的焦虑”所遮蔽，其独创性来自蔑视前人的需要。强力诗人通过误读或曲解文学前 170
辈，另辟出一方想象空间并据为己有，这种做法被布鲁姆称为“误释”。不羁的艺术家在追求某种真实（通过放弃传统）的同时，却牺牲了自己对严格意义上的真理应有的日常责任。奥斯卡·王尔德在他 1892 年发表的评论文《谎言的衰落》（*The Decay of Lying*）中更是公然宣扬“撒谎——

讲述不真实的美好事物——是艺术的正当目的”，并提醒我们警惕“堕入一味追求准确”的危险。

不过，这种反叛精神并非艺术家和诗人的专属。自从弗洛伊德揭示出我们的理性自我背后隐藏着一个既放荡不羁又富于创造性的无意识，由此“让天才大众化”之后，我们便逐渐认识到，所有人都会偶尔从复杂性这口蕴含着颠覆之力的深泉里取一瓢饮。[11] 多亏了弗洛伊德，我们的自我形象得到了扩展，终于容得下不理智、不听话、不可取和不安分的形象了。我们并不像别人认为的那副模样，而且我们各有各的方式来表达这个私密的想法。我们都有自我毁灭的冲动、光怪陆离的幻想，也有各自专属的焦虑和执着。对于人所共有的这种不文明、不服管的潜质，精神分析学家 D. W. 温尼科特（D. W. Winnicott）很是推崇：“如果我们只有理智，那可真是一贫如洗”。

还有一些不那么张扬的手段也能让我们独立于他人的评判。例如，心理治疗会给出及时行乐、不走寻常路，或者释放内在力量之类的建议。这些过度放大的常识极力推
171 崇积极思考和心理韧性的力量，仿佛单凭意志便能摆脱自疑和自责的束缚似的。对于平息内心杂念的问题，日常的策略是用频繁换台、酒精、毒品和性等寻常消遣来转移注意力。有些人则通过冥想和借鉴东方哲学或斯多葛派哲学（这类哲学提倡自我怀疑主义，即认识到你是一个以自我

为中心的人，无法准确地认清世界，而且大多数人根本不会真的把你放在心上）来达到同样的目的。热衷评判使我们变得狭隘局促，依赖他人，操纵欲强。我们既要从多方面认识它的危害，也要借助摆脱评判的幻想来感到深深的满足。

逃离强效观众

Escaping the potent audience

他人的评判之所以令人身心俱疲，其中一个原因就在于很难决定哪些观众最重要。你是否也曾觉得，有时真不该纠结于某些人对我们的意见？像他们那种无知又无关的家伙，根本没资格对“真实”的我们指手画脚，可他们的言论为什么还是让我们如鲠在喉？就拿本人来说，自从 1976 年被那个小学数学老师错误地指为企图作弊后，我就一直耿耿于怀，哪怕我确信从那以后他就再也没有想起过这件事。他人之于我们的这种力量很难说清，也很难逃脱。更令人沮丧的是，试图削弱观众影响力的努力往往会弄巧成
拙。无论是试图淡忘掉父亲的逆耳忠言，还是淡忘掉某个 172
恼人同事的说三道四，我们都只会看到自己的无能为力。

新的恋情会让我们的自尊心方寸大乱。我们的兴趣、

责任、友谊都被搁置一旁，让位于另一半不可预知的凝视。就算理性的大脑看到我们的滑稽表演时会皱眉蹙首，我们还是会变着花样用反常之举来取宠。每当我的某个朋友突然对地质学、民间音乐或现代主义文学感兴趣时，我就知道他的生活里一定又出现了新的女人。我们真正在意的只有出自强效观众的评判，而新欢从来都是非常强效的观众。

同样令人沮丧的是，我们几乎不会把那些对我们没有效力者的好评当回事。朋友的善意祝福很难在我们心中占据应有的分量。从粉丝那里听到好话是理所当然之事，所以我们对这类评判的重视会相应地打上折扣。很多时候，不管“自己人”给予多少欢呼赞美，都对提升我们的自尊作用甚微。事实上，正是由于你在面对他们的评判时没有承受社会性疼痛的风险，你才无法从这些好话中获得快乐。你越是认为理所当然，由忠粉构成的观众就越没有效力，因为只有在我们面临恶评之虞时，评判才有分量。我们对恶评的反应是给予它更多的权重，因为我们不会设想恶评是为了达到某种效果而刻意为之。如此一来，无论恶评让人多么不爽，都能提供相对真实的信息，进而让发出恶评
173 的人也平添几分效力。[12] 这也许可以解释为什么“高级黑”，也就是明夸暗贬、意在打乱对方阵脚的搭讪套路会如此盛行吧。

本章描述的这种对自由的向往，很多时候其实是为了让

自己不再依赖于那些无法控制的观众。相比之下更让人难以承认的事实是，追求自由的深层动机往往是为了赢得最好的赞誉，也就是那种靠表明自己并不需要好评才能获得的好评。所以，从这个意义上说，自由和评判是密不可分的。

在《胡迪尼的盒子》（*Houdini's Box*）一书中，亚当·菲利普斯通过观察终极脱逃大师哈里·胡迪尼（Harry Houdini）的一生，探讨了自由理想的变幻莫测。胡迪尼的盒子对于自由的幻觉至关重要。旧有哲学意义上的自由分为两种，一种是表达和追求的自由，一种是免于强迫和限制的自由。我们那些关于逃避的脆弱希冀往往都表现为后一种自由，至少对多数情况下没有多少权力的多数人而言是这样。因此，胡迪尼自愿身陷囹圄，以便表演挣脱桎梏的过程，用这种方式抓住观众的心。除了身体上的挑战，更大的挑战在于管理他的观众。胡迪尼的名气是自己拼来的，所以他要用种种令观者揪心的方式向他们保证，他不仅下过苦功（故而诚实而磊落），也勤于学习，等等。“胡迪尼知道他一直在处理，也必须要处理的东西就是观众的怀疑。他一没学识，二没地位，三没资历，所以他必须把说服别人当作一项事业来经营。”我们又何尝不是如此？事实证明，对自由的渴望往往只是争取正确赞誉的另一种方式。
我们沉浸在一种比我们强大得多的文化中，既要学习它的规 174
矩，又要在某种程度上加以拒绝，唯有这样才能真正得到接纳。自从认识到这一点后，赢得正确的赞誉这个主题就一直笼罩着我们的生活。没有观众，我们一无是处。毋宁说，没有他们的评判，我们一无是处。这场争取自由的斗争注定要失败，但它却是获得好评的核心要素；如果胡迪尼始终都是自由的，那谁也犯不着去看他表演了。

我们在感到必须管理观众的同时，还对他们怀有更深层次的复杂情感。我们既需要他们，又对他们施加于我们的压力深恶痛绝。我们在人生的不同阶段，或者在日常遭遇中做出的种种选择，让我们被对待他人的矛盾心理撕扯得判若两人。前一分钟还笑脸相迎，下一分钟便转身不理。无论是克服表演需求的意愿，还是力求自立，力求真实，颠覆传统，讽刺世俗或另辟蹊径的决心，都能激发创作、发明和行侠仗义等美好之举。当然，正如一个成功的比喻会渐渐沦为陈词滥调一样，这些创造性计划在大功告成之后，也将成为后人需要颠覆的新规范。

我在另一本作品《幸福的悖论》（*The Happiness Paradox*）中，探讨了这种对自由的需求与被强效他者正名这一需求之间的矛盾关系。如果你过于努力地去博得好评，去控制观众，很有可能以失败告终，因为观众已经被驯化到了无效的地步，他们的评判不再重要。就像喜剧演员向预先录好的笑声鞠躬一样，自己给自己安排掌声本质上是
175 无法令人满意的。如果你取悦别人的努力过于露骨，反倒

有可能给人留下懦弱和依赖他人的印象。通向正名的路只有一条，那就是逆向而行。不管谁在看，不管他们作何想，你都要循着逃避评判的叛逆欲，走出自己的路来。只有通过发展个人计划，而非四处征求批准，你才有获得正名的资格。不过，这里的矛盾也变得更加明显了，因为追求自由的努力太过成功，又会把观众甩在后面，让自己变得前后不一或不可接受，最终还是得回过头来面对他们。两种需求之间的转换是微妙而复杂的。我们很容易以二元观看待这种对比——要么自由，要么遭人评判——殊不知这些主题在生活中并不是非黑即白，而是相反相成，难分彼此。而这种互动是如此流畅和细腻，以至于个中微妙唯有借助文学才能更加生动地展现。

洗去人性的污点

Washing off the human stain

菲利普·罗斯的小说《人性的污点》以戏剧化的手法详尽展示了争取正名的艰辛，还有逃避这类评判的幻想。故事的主人公科尔曼·希尔克是一位古典文学教授，任教于新英格兰一所名叫雅典娜学院（虚构的）的小型文科学院。原本学术和行政生涯德高望重的他，不幸陷入了一场

失控的争议。有一次，科尔曼把两个从不来上课的学生戏称为“spook”（字面义是“幽灵”，也有“黑鬼”的贬义），
176 孰料后者恰好是黑人（倒霉的科尔曼从来没有见过他们）。此举令他受到了种族主义的指责，最终耻辱地结束了职业生涯。在整个纠葛过程中，科尔曼始终坚称自己并非出于种族歧视，只是形容那两个总是逃课的学生像鬼魂一样见不着影。然而他还是输掉了辩论，丢掉了工作，落了个身败名裂的下场。

罗斯在以此开篇之后，借叙述者内森·祖克曼（Nathan Zuckerman）之口，带着我们来回跳跃于科尔曼事前和事后的人生。[13] 我们在故事中看到，科尔曼一再尝试逃避别人的评判，却一再遭遇失败，他想“把未来掌握在自己手中，而不是让一个蒙昧未开的社会来决定他的命运”。他渐渐深谙人类对彼此的矛盾心理：既要避开评头论足的人群，有时又要冒险与其中少数人亲密接触。之所以有风险，是因为此举会让我们面对一直想要逃避的痛苦。科尔曼与家人、恋人、同事还有他唯一的男性朋友内森的关系，向我们揭示了许多关于背叛、伤害、亲密、联系和希望的真相。但愿通过探讨科尔曼的故事，本书的许多笼统主题能够变得具体一些，尤其是共知的脆弱性以及社会评判和道德评判的复杂性——尽管这些正是我们希望逃避的东西。

作为古典文学教授，科尔曼精通希腊悲剧。希腊悲剧

讲的是人的宿命，但科尔曼却始终在自己的生活中强烈批判这种必然性还有听天由命的态度。他很早就认定，自己不必像悲剧人物那样生活，而是可以自由选择，推翻别人为其制定的宏图大计。“原来这就是伟大诸神的旨意。希尔基的自由，那个未经雕琢的我，身为希尔基·希尔克（Silky Silk）[1]的一切精妙。”有的时候，当科尔曼被自己的逃逸之路带进死胡同时，我们可以看到他受困于他人的曲解和误解构成的不解之网中。然而，身为科尔曼的精妙，那个“未经雕琢的我”，我们却只有通过叙述者内森的话语，才得以窥见一二。我们迫切希望逃离人类文化的汪洋，摆脱那种在命运摆布下逆来顺受的束缚感，而科尔曼触及的正是这种感受。起初它只是一种消极自由，是渴望从别人不解的目光中解脱出来。然而，科尔曼在此之外还有一个特殊的动机。我们了解到，他在人生中一直背负着一个极具讽刺意味的秘密：事实上，他是一个肤色极浅的黑人（浅到几乎可以在所有人面前隐瞒真实身份），所以他不得不排斥自己的家庭，冒着一切风险把自己重新塑造成白人。这项否认出身和种族的非常计划不仅意味着超常的意志和欺骗，也伴随着许多牺牲，首当其冲的便是他的家庭。在此，自我评判、受人评判还有试图摆脱评判的主题重叠在了一

177

(1) 希尔基·希尔克是科尔曼·希尔克当拳击手时用的化名。

起，几乎没有比之更好的范例了。[14]

很难说科尔曼究竟是什么时候决定放弃自己的黑人身份，转而冒充白人的。不过，父亲去世这件事应该是一个转折点。对科尔曼来说，这是一个关键时刻，他失去了一个如此刚正不阿的人物，也失去了一个强效观众和低调的人。父亲死后，科尔曼发现：

> ……没有父亲来划界和定义，就好像无论往哪
> 178 个方向看，所有的钟表都停止了运作，连当下的时
> 间都无从知晓了……过去不管科尔曼喜欢与否，都
> 是父亲来编写他的故事，如今却得他自己来写了，
> 想想就让人害怕……

然而事实并非如此。突然之间，科尔曼对自由的恐惧变成了强烈的权力感和自制感。他挣脱了强效观众的桎梏，卸下了那些令人生畏的目光强加于身的包袱。与此同时，他的内心也点燃了一种更为积极的自由。这里的积极并非道德意义上的积极，而是指主动，或者说“从事……的自由”（而非“免于……的自由”）。这种形式的自由没有道德属性，因为它过于强大，有可能把人引向不可预知的方向。多年来，他的父亲（还有他的哥哥）一直扮演着良心代言人的角色，而父亲的离去留下了一片有待填补的空缺。

> 随着两大堡垒的消失——哥哥在国外，父亲去世了——他重新获得了力量，可以想干什么就干什么，可以自由自在地追求最崇高的目标，而且骨子里充满了成为那个特别之“我”的自信。这种自由程度是他的父亲无法想象的。

把科尔曼的自由和父亲命定遭受的压迫性限制进行对比，这种非道德性自由让人迷失方向的特性变得更加鲜明了。然而，伴随着这种不受约束的愉悦，一种眩晕感也随之而来。

> 父亲是多么不自由，他就有多自由。现在他不仅摆脱了父亲，也摆脱了父亲曾经忍受的一切：强
> 迫、屈辱、阻挠、创伤、痛苦、做作和羞耻——所 179
> 有关于失败和挫折的内心煎熬。而且这是天高任鸟飞的自由，可以勇往直前，一鸣惊人。可以自由地参演那出无边无际、自我定义，由代词“我们”“他们”和“我”组成的戏剧。

科尔曼的任务便是设法填补这一空缺。父亲去世后，科尔曼从大学辍学，加入了海军，摇身一变成了一个寻求冒险的白人。但他发现，这种前所未有的自由并不是免费的。

在他新发现的那个无边无际、自我定义的世界中，竟然上演着一出剧烈无常、近乎你死我活的戏剧。解开了缆绳和枷锁之后，他的决策空间变得无限宽广。毕竟，在扔掉指南针、地图和基本参考物的情况下，你很难保持一种连贯的生活方式。科尔曼早年生活中的强效见证人不会被轻易战胜。一天夜里，醉酒的科尔曼进了一家只招待白人的妓院，结果被看场子的认出是黑人，撵了出去。对科尔曼来说，那是一个身心俱痛的夜晚。在某个醉得记不起来的时刻，他让人在皮肤上永久性地纹了“美国海军”几个字，提醒自己铭记当晚的经历。后来回想起来，他认为这是自己一生中最糟糕的一个夜晚，因为在如此低潮的时刻，我们听到他用亡父的声音发出了自我厌恶的责问。父亲这个观众对科尔曼的影响太强大了，以至于在他去世很久之后，科尔曼还是在“正人君子无可争议的合法性”面前为自己无知的欺骗自惭形秽。绝望之际，科尔曼开始深刻地反思自己在追求这种自由的过程中给所爱的人造成的伤害。用
180 弗洛伊德的话来说，这是在科尔曼放任本我之后，化身严父的超我正在惩罚他。

> 科尔曼，你追寻存在的深层意义，到头来这就是你的答案吗？你曾经拥有一个充满爱的世界，而你却为了这个放弃了它！看看你做的一切是多

> 么可悲，多么鲁莽！你不光对不住自己，而且对不住我们所有人……科尔曼·布鲁图斯，你还要谋划什么惊天的诡计？你还要误导和出卖谁？

布鲁图斯（Brutus）是科尔曼的中间名，出自历史上参与刺杀恺撒的同名人物。这个名字不仅是背信弃义的代名词，也象征着逃脱悲剧宿命的艰难。

尽管存在这些令人创巨痛深、坐立不安的思维，科尔曼仍然继续着行骗生涯。从海军退役后，他和一个叫斯蒂娜·保尔森（Steena Paulsson）的金发白人美女打得火热。斯蒂娜以为科尔曼是白人。科尔曼无可救药地爱上她后，刚刚萌芽的自主实验便遭遇了暂时的挫败，虽然这次是以一种不同的方式。内森·祖克曼说斯蒂娜“具有巫术般的魅力……而且不可思议地凌驾于科尔曼那样独立到近乎无情的个人意志之上……”。

发现斯蒂娜，让科尔曼发现了欲望、爱和联系的浩瀚汪洋，但东窗事发的恐惧也依然暗流涌动。对科尔曼来说，肉体对于能否在无关评判的情况下迷恋另一个人至关重要。处于返祖的动物性自我之下，不受文化约束的他发现，性能够有力地推动他与斯蒂娜建立不自觉联系，暂时安抚他陷入困境时的焦虑。尽管《圣经》暗示性爱是为了“了解” 181
某人，但即便是在这种对肉体的描绘中，也存在一些与了解无关，与接纳有关的东西。在这种情况下，无须认可即可实现肉体的联系，它越过了头脑和心灵，所要求的可能只是紧紧相拥。然而，一旦他俩没有深陷于这种肉体交融时，科尔曼就总是处在对暴露的恐惧之中。例如，他发现斯蒂娜写了一首诗来抒发对他的感情，可这首诗却读得他芒刺在背，因为他生怕其中会有什么迹象表明斯蒂娜发现了他的秘密，心虚的他甚至把“neck（脖子）”误读成了“negro（黑鬼）”。

斯蒂娜为科尔曼提供了一个转折点，让他看到自己的自由是如何被暴露的恐惧束手束脚的。如果他想和她共度一生，就必须停止躲藏。科尔曼认为自己唯一能做的就是把真相告诉她，于是便决定带她见自己的黑人家庭。会面进行得很顺利，虽然有点冷场、尴尬，但好歹处在友善模式之下。然而，在回程的火车上，斯蒂娜却突然含着泪对科尔曼说，她“做不到”，然后就跑开了。当科尔曼心中实实在在的污点被斯蒂娜发现时，他对于得到接纳的希望彻底破灭了。尽管他相信主动选择独特人生的力量，他还是失败了，而且“他领教到了命运是如何在阴差阳错中造就的……另一方面，当永远不会变成现实的事情偏偏成真时，命运看起来又是何其意外”。希腊悲剧式的命运比他的意志更强大。

这样的错他再也不会犯了。科尔曼在主动提高透明度的过程中受到了严重的伤害，这番教训让他不可避免地选择了在抵赖和欺骗的路上一条道走到黑。因此，当他遇到艾丽斯并决定与她结婚时，为了和未来的妻子在文化和宗教上门当户对，他决定给自己创造一个更加永久的身份： 182
一个白种犹太人。为此，他必须重新编写人生经历和家庭背景，并且谎称父母已经过世。为了彻底根除过去的一切，他回到老家，用一段令人震惊而心酸的独白向母亲告知了他的选择。听到科尔曼的话语，母亲知道到她这辈子都见不着孙辈了。不过，科尔曼允许她坐在公园角落里，看着衣着光鲜的他们从身边走过。母亲承诺自己会以“布朗太太”的身份躲在角落里偷偷地看，然后她问科尔曼，如此绝情地跟自己的家庭、身世划清界限，只是为了让后代的头发能够随风飘扬吗？[15]

小说中这一章的标题叫“躲拳”。作者之所以用这个和打斗有关的字眼，正是为了和科尔曼早前试图甩掉历史包袱的努力形成呼应。科尔曼曾是一名颇有天赋、技艺精湛的拳击手，但是在面临另一个人生转折点时，他不得不放弃这个身份。为此，他在一场本该慢慢打的拳赛上把一个黑人对手几下便放倒了，气得教练在台下说他剥夺了观众欣赏一场精彩比赛的权利。他在擂台上表现出的肉体暴力对于摆脱身份是必要的，而且与他摆脱母亲所需的心理暴力遥相呼应。母亲的反应在克制之余不失尊严，但她的评判却因此更加有力了：“人这辈子但凡做出什么重大的改变，大概都免不了对谁说‘我不认识你’吧。”

母子关系固然重要，但科尔曼还是消化了母亲平静中暗含辛辣的评判。在他看来，母亲虽然对儿子极力放弃身世的行为有所克制地表示了反对，也总归还是可以承受的事
183 情。“只有通过这个考验，他才能成为自己选择成为的那个人，与出生时被迫接受的东西不可逆转地一刀两断，从而自由地去争取那种任何人都心向往之的自由。”

当我们着手实施这种任性妄为的重大计划时——就像那些选择抛弃伴侣和子女去过新生活的人一样——昔日强效观众的目光是我们必须要过的一关。这时的我们要么通过悬崖勒马或掩饰我们的反叛来服从他们的评判，要么通过消除他们的力量来克服他们的评判。科尔曼的兄长沃特在得知弟弟的决定及其对母亲的所作所为后，做出了比母亲严厉得多的反应，但科尔曼连这样公然的批判也承受了下来。事实上，沃特的抨击反而增添了科尔曼斩断家庭纽带的动力。科尔曼一劳永逸地过渡到了新的身份，抛下他的家人——“挥拳出击，留下伤害，然后永远地锁上门”——与艾丽斯开始了新生活。这段充满火药味的婚姻给他留下了四个非常白的孩子。自始至终，他的秘密都被保守得滴水不漏。

科尔曼人生的这次关键性重塑是一场自决的壮举。这个

决定性的选择是如此极端，足见他对家人如此残忍，对自己的身份如此不遗余力地否认，一定还有更强大的动机。正如故事的叙述者祖克曼评论的那样，对科尔曼的母亲来说：

> ……都结束了。这份情感结束了。你不再是我的母亲，而且从来都不是。任何有胆这么做的人，肯定都不只是想当白人而已。他还想做到这一点。 184
> 这不单是那种有幸得享的自由，而是像科尔曼最喜爱的那部关于人类贪婪精神的著作《伊利亚特》所展现的野性……

这几乎相当于认可了内心的反社会力量，这股力量超越了自由，强大到足以打破道德恶心的束缚。它意味着摧毁谦卑，接近内在的尼采式超人，单凭意志便能将自己强加于世界。可是目的究竟何在？尼采（Nietzsche）在《快乐的科学》（*The Gay Science*）一书中用一个十分精妙的比喻描述了变化和更新之间交替的力量，让我不禁想到了科尔曼：

> 浪潮是多么贪婪地接近，仿佛它在追逐什么东西！它是如何以快得吓人的速度爬进那迷宫般的悬崖的最深处！看来，一定是什么有价值的东西，而

> 且是有很大价值的东西，隐藏在那里。现在它回来了，虽然稍微慢了一点，但仍然兴奋得脸色发白；它失望了吗？它找到要找的东西了吗？它在假装失望吗？但是另一波浪潮已经接近了，比前一波浪潮更加贪婪和野性，它的灵魂似乎也充满了秘密，还有挖宝的欲念。浪潮就这样活着，我们就这样生活着，更多的我就不说了。[16]

让我们快进至科尔曼的晚年，回到那个因雅典娜学院的虚假指控而蒙冤受屈的他。科尔曼的一生充满了掩饰、
185 对自由的希望还有代价高昂的背叛，在历尽百转千回之后，他的人生竟然面临着可耻收场的危机。颇为讽刺的是，他是作为种族主义者而蒙羞的，如此悲剧性的命运转折，堪比科尔曼一生都沉浸其中的古希腊文学。

这本该是科尔曼的末日，可命运却偏偏在这时让他和一个年轻得多的白人女子发展出一段救赎式的恋情。对方叫福妮娅·法利（Faunia Farley），是一个在大学里当清洁工的文盲。某种程度上，这似乎只是给科尔曼多年来不计后果的自我放纵又添了一个对象。就连科尔曼本人也一度这样认为。他看到福妮娅和其他清洁工一起躺在草地上，突然觉得自己是个怪物。看着她躺在草地上欢笑“把他彻底暴露在了自己的耻辱面前”。

但是福妮娅并非等闲之辈，她比单纯的泄欲对象强大多了。她实际上是在用自己的方式拯救他。在科尔曼遭受种种攻击之后，福妮娅在帮他恢复那种独立和自由的感觉（但是有她相伴）。她自己就是被三十四年“野蛮的意外”造就的——从儿时遭受继父虐待，到后来自己的两个孩子葬身火海——由此产生的负面智慧致使她一生都在寻找自己的逃避方式。她曾两度自杀，但是她的品格在她承受的骇人苦难中幸存了下来。正如内森所言，“她没有信教，没有伪装虔诚，哪怕别的虚妄已经把她变得面目全非，她也没有被关于纯洁的童话所扭曲。她没有兴趣去评判——她
见得太多了，早就不屑于那些糟粕”。原来她的文盲身份 186
完全是装出来的。她能识字，只是她更喜欢隐藏这个事实。卑微的保洁工作允许她对自己苛刻；虽说纯洁是不可能的事情，她还是要擦去污垢。她说“我是一只乌鸦”和“彻头彻尾的异类”，可谓和狼孩不谋而合。这样看来，她伪装的文盲身份其实是她权力的一部分。“她并不反对识字本身——她只是觉得假装不识字才对劲，它使事情变得有趣。那些有毒的东西她怎么也尝不够：所有你不该是，不该做，不该露，不该想，可不管你乐不乐意，又偏偏是，偏偏露，偏偏说，偏偏想的东西。”

尽管身陷丑闻，科尔曼还是在他和福妮娅的关系中得到了慰藉。和她在一起，他可以“免于他们的指控，超越

他们的评判。”他告诉自己，“你死之前，要学会活在他们愤怒、可憎、愚蠢的责备的管辖范围之外”。他认为福妮娅高贵而坚定的处世姿态就是他逃避别人评判的出路。他告诉自己，他将“把福妮娅的锤子砸向一切经受过的东西，所有崇高的理由，砸出一条（他）通往自由的出路……摆脱对意义的荒谬追求，摆脱无休止的争取合法性运动”。

> 像两个没有任何共同点的人那样行事，但又一直记得他们是如何把彼此不可调和的一切——产生所有力量的人性差异——提炼成一种极乐销魂的精华，这就够了。

187 同样，极乐销魂的精华对科尔曼来说也很重要。他相信单凭性爱本身便有可能为双方都带来好处。这是一个没有评判和指责的地方，恰如戈尔·维达尔（Gore Vidal）的那番评价:“性是一种纯粹关乎存在的行为……性不会修路，不会写小说……除了性本身，不会给生活中的任何事情带来意义。”性的某些属性的确能够让人在自我之中看到逃离人世纷扰的狼或乌鸦那样的动物性。就像当初与斯蒂娜身体接触时（性和令人难忘的“滑溜舞蹈”）一样，科尔曼在无言的结合中找到了庇护之所。在他还没从中找出某种更能言说的内涵时，火眼金睛的福妮娅便警告他：“不要假装它是别的什么东西，倒人胃口。”[17]尽管披着自我保护的坚壳，她还是有生以来第一次放开了自我，全身心去爱科尔曼。福妮娅开始信任他，欣赏他的烦恼，在他身上发现他自己都前所未见的慷慨。而科尔曼也足够信任她，愿意向她倾吐秘密，愿意接纳并寻求接纳。

> （福妮娅）想知道最糟的是什么。不是最好的，而是最糟的，这实际上就是说真相。她问，真相是什么？于是他就告诉了她。因为那一刻他爱着她，想象着她擦洗血迹的样子……他爱她。因为你就是在那样的时刻爱上一个人的，就是在看见他们面对最糟的事情也心甘情愿时爱上一个人的。不是勇气，也不是英雄主义，只是心甘情愿。

从这个角度来看，两者之间建立联系的过程可说是通过
接纳对方的脆弱来接纳自身的脆弱。然而，这也正是人们 188
在一段感情中可能受伤的地方。两人在对彼此越来越信任和开放的同时，也一度经历过不愉快的插曲。有一次，科尔曼把报纸上的一篇报道念给福妮娅听，没想到气氛立刻晴转多云。他的无心之举让福妮娅想起了二人之间的智力鸿沟，自惭形秽的她选择了从他身边跑开。福妮娅原本已经用乌鸦般异类的冷酷麻木了自己，这件事让她觉得自己

因为放松戒备而受到了惩罚。于是，她离开科尔曼去找“王子”。那是一只她多年来熟识和喜爱的乌鸦，如今被关在当地奥杜邦学会的笼子里。王子之所以被关起来，是因为它曾短暂地逃到野外生活，然后由于它是人类亲手养大的，叫声不正常，以至于险些被野生同类杀死。也就是说，这只乌鸦沾染了人类的污点，不再适合与野生动物为伍了。真正的乌鸦是真正自由的，而王子则陷入了我们人类的泥淖。福妮娅因为信任他人而惩罚自己，而且对人类究竟能否摆脱“内在、固有、定性”的人性污点也表示怀疑。“就是因为这样，一切的净化都是笑话，而且是野蛮的笑话。”

这就是绝望中的福妮娅，她在用不正常的声音说话，因此自觉厄运难逃。再怎么做清洁都无法净化她，无法去除受损自我的污名，也无法消除羞耻的威胁。在罗斯看来，追求纯洁是一种奇怪的基督教外延，与科尔曼钟爱的希腊人正好相反。狼或乌鸦式的无垢外表并不适合人类境况。虽说“纯洁的幻想面目可憎”，但罗斯表明，它不仅广泛存在，而且经久不衰。

189 对于纯洁和洗去人性污点的追求与对羞耻的恐惧（第一章已经探讨过）密切相关。布琳·布朗在那篇广受欢迎的关于羞耻[1]的TED演讲中谈到过这种恐惧，一定程度上

(1) 此处作者有误。第一章提及的布琳·布朗的演讲是《聆听羞耻》，而这里的内容实际上出自她的另一篇演讲《脆弱的力量》。

为我们理解科尔曼、福妮娅乃至我们所有人都会偶尔经历的事情指点了迷津。她说我们麻木了自身的脆弱性。我们因为无常而感到脆弱，所以我们要让自己对羞耻和恐惧的可能性麻木。可是，在借助暴食和上瘾等手段来实现这一点的同时，我们也麻木了欢乐、感恩和幸福。我们让不确定的事情变得确定（比如诉诸宗教），想方设法完善自己，但这么做也有可能让我们之于他人的评判夹杂偏颇的强硬和指责。

布朗认为我们必须接纳自身的脆弱，并且唤起勇气。毕竟，英语“勇气（courage）”这个词的词根就是“心（cor）”。所谓全心全意就是既同情自己也同情他人。通过承认缺点和脆弱的必要性来允许它们存在，就是愿意先说出“我爱你”，愿意在前途难料的情况下行事，愿意让别人看到我们。她指出，儿童并不完美，他们生来就要挣扎。我们都曾是不完美的孩子，所以我们不会停止挣扎。

福妮娅通过苦难认识到了这一点，科尔曼通过奋斗和对自由屡屡失败的追求认识到了这一点，然后他们找到了彼此。说起王子时，福妮娅“用她自己奇奇怪怪的声音”说“我喜欢那个奇奇怪怪的声音”。这也是科尔曼喜欢福妮娅的地方。真爱之所以能成立，是因为它认识到别人会透过你洁净的表面看到你的污点，进而决定是否喜欢这些污点的味道、色调和质地。斯蒂娜无法为科尔曼做到这一点，

艾丽斯则从来没有见过这些污点，所以从来没有那么了解
190 他，唯独福妮娅可以，也确实做到了。她看到了他的污点，他也看到了她的污点，两人对自己的所见都很满意，并且都能接受对方身上那些仍然没有了解的东西。“哪怕别的虚妄已经把她变得面目全非，她也没有被关于纯洁的童话所扭曲”。

归根结底，渴望自由是令人满意地衡量其对立面的最佳手段，也是本书的主题：获得好评的机会。因为在我看来，这种不确定的希望正是人类境况的定义性标志。诺姆·乔姆斯基（Noam Chomsky）曾经提出，渴望自由是我们的本质和定义性属性，但我的感觉恰恰相反。我们是猿，不是狼。虽然我们希望逃避，可如果没有见证人给予赞同，我们就无法理解自己，因为正是他们通过喝彩、爱、赞同、接纳、地位、信任等各种形式的正名赋予我们重要性。这些都是我们有可能背叛或伤害的强效观众，他们也有可能对我们做同样的事情。此间虽有各种主题交织在一起，情况错综复杂，但我们洗去污点的净化梦（无论为之付出的努力多么可歌可泣，多么惊天动地），终归是无望的。因此，我们的污点即使无法时刻被别人理解，也必须得到别人的接纳，最终被我们自己接纳。

科尔曼的人生经历给予我们的警示是，谁也不能厚着脸皮自以为真正做到了从头再来。为此做出的残忍之举还

只是诸多代价之一，而且最终你仍将被更加广阔的世界——“时代这个历史的枷锁”——打个措手不及。可是，如果没有这个自由梦，你就无法获得真正的正名。为了避免遭到埋没或依赖他人，我们所有人都必须在某种程度上走自己的路，否则别人就没有东西可以评判了。只有在某种程 191
度上对他人的不赞同淡然置之，你才能建立丰富的联系。无论这种淡然的程度多么有限，只要没有它，你就会在局促的动机和焦虑的逼迫下，去左右他人或曲意逢迎。如果把观众控制得太好，又会使他们失去效力，再也无法提供有价值的评判了。所以，我们必须尽量让他人自由评判。虽说我们管不着别人怎么看待我们，但好在我们内心还有对自由的渴望，这一点也多少变得可以忍耐了。

第五章
盖棺定论
The last judgement

▼

当歌手艾米·怀恩豪斯（Amy Winehouse）多舛的一生通过纪录片《艾米》（*Amy*）展现在大银幕上时，她的父亲米奇·怀恩豪斯（Mitch Winehouse）觉得自己受到了莫大的侮辱。米奇发现，自己在女儿的故事里竟然扮演了一个“金钱至上、爱出风头、始终缺席的父亲”。他义愤填膺地抗议道：“那绝不是艾米想要的，因为艾米知道那不是事实。”[1]整个怀恩豪斯家族都与该片保持距离，称它“有失偏颇”“混淆视听”。而制作方则反驳说，他们所讲的故事“反映了采访过程中的发现”，而那一百次采访是以“完全客观”的方式开展的。 193

不管这部纪录片价值几何，也不管它是否公正地反映了艾米·怀恩豪斯的生活，有一点很清楚：世上并不存在“完全客观”这回事。与其纠结是否完全客观，不如关注他们用来套住艾米·怀恩豪斯人生的描述性罗网是否设计得

足够用心。人们对名人的评价是非常公开的，所以他们的整
194 体人生评价难免会遭到扭曲，而且扭曲的方式多种多样。某些情况下，他们的名声会凝结成某种俗套或单一的提法：比如叛逆青年詹姆斯·迪恩（James Dean）、圣人特蕾莎修女（Mother Teresa）。这类压缩而成的定论即使在传记电影中有所扩展，也终究无法还原全貌。正如加里·格兰特（Cary Grant）所说，“人人都想成为加里·格兰特。连我都想成为加里·格兰特”。读读克里斯托弗·希钦斯（Christopher Hitchens）对特蕾莎修女的评价，你很快就会发现，就像名人生活的公众版本一样，事情远没有那么简单。

全面评判一段人生既是不可能的，又是不可抗拒的。问题不单在于压缩，还在于如何讲述一个连贯的故事。克尔凯郭尔（Kierkegaard）曾说，生活是向前发展的，但只有向后看才能理解。然而，这番表述所许诺的理解和叙事确定性却无法与准确性兼得。

因此，在把故事讲准确和讲连贯（更不必说讲生动了）之间，势必需要权衡取舍。我们喜欢那种让生活形式具有形态的叙事弧，但我们同时也会看到，它总是免不了某种程度的调制，给生活的当事人添上几分不可捉摸的色彩。

无论《艾米》的制作方自诩多么“客观”，在经过压缩、过滤和挑选的大幅度创意处理，并且满足各种叙事要求后，该片所描绘的艾米·怀恩豪斯的人生故事必然会在很多方

面与其完整的人生经历存在出入。即便如此，这样的故事我们照样喜闻乐见。

讲故事

Telling tales

为了“弄懂”人类，心理学家将个体置于五花八门的特 195
殊条件下，比如能够标示个体独特性的生物性差异、个人经历差异和文化社会化差异。人格研究者丹·麦克亚当斯的三层人格模型[2]就是一个很好的例子。他从心理学诸多领域的成果中博采众长，提炼出了了解他人需要涉及的三大层面：**社会演员、积极的经纪人**和**自传作者**。

第一个层次是演员，它描述了你的气质和倾向性特质。在过去二十年左右的时间里，人格理论家们的研究焦点是名为“大五人格（The Big Five）”的人格特质：

> **外向性**：合群性，社会支配性，积极性，寻求奖励的行为
>
> **神经质**：焦虑，情绪不稳定，抑郁倾向，负面情绪
>
> **尽责性**：勤奋，纪律，遵守规则，组织

> **宜人性**：热情，关心他人，无私，同情，谦逊
>
> **开放性**：好奇心，非常规性，想象力，对新想法的接受能力

196 这些普遍特质在每个人身上的分布都有所不同，它们贯穿我们的生活，影响着我们对各类经历的总体情绪反应和认知反应。麦克亚当斯在评估唐纳德·特朗普时，发现后者具有：

> 极高的**外向性**（暗示情感丰富和社会支配性）和垫底的**宜人性**（暗示同理心、关心、和蔼及利他性明显欠缺）。这种一点就着的组合在寻求公职的人群中尤为少见，它造就了一个冲动善变、咄咄逼人且无法预测的社会演员。[3]

麦克亚当斯认为，人格特质虽然看似能够揭示一些关于我们的事情，但是靠它们来识人，至多不会超过对陌生人的了解程度。性格特质的相关描述与现实背景脱节，所以它们能够提供的个体特有的丰富细节总是不足。麦克亚当斯十分看重这些层次之间的差异，可是当我们在实践之中直面各种混乱重叠的行为方式时，这些差异很可能会力不从心。不过，为了说明之故而对各个层次进行概念区分，

即便稍显理想化，也还是能带来一些益处的。第二个层次将我们视为自身行为的**经纪人**，它涉及的是比性格特质更受条件和背景影响的**性格适应**或**个人关注**，包括可以视为道德追求的目标和价值。性格适应在一生中比性格特质更容易改变，而且往往更加带有个体环境的烙印。对此，麦 197
克亚当斯再次谈到了特朗普：

> 特朗普冲动的气质与他的核心人生目标——推销唐纳德·特朗普的自恋目标——相吻合。从高中就读纽约军事学院时起，唐纳德·特朗普就坚定不移地追求着一个膨胀、赞美、张扬和崇拜自我的动机议程。

比起单纯的倾向性特质，这种层面的了解可以让我们把人看得更清楚，但它仍然不够。好在麦克亚当斯还有第三个层次，那就是**讲述百味人生故事的作者**。本章的中心主题正是这个叙事身份，我们既会了解你我用什么样的故事解释自己，也会探讨讲故事有哪些局限性。人们构建这些故事是为了理解自己，尤其是把他们的价值观和信念置于某种前后一致的框架中来理解自己。它们通常会明确描述个人在生活中采取特定政治立场和道德立场的来龙去脉。[4]

按照麦克亚当斯的说法，唐纳德·特朗普的个人叙事尽是关于这个世界充满危险，你该做好战斗准备之类的内容。特朗普讲了很多故事来支撑这种世界观，下例即是典型：

> 弗雷德·特朗普（唐纳德的父亲）在皇后区和
> 布鲁克林区靠修建、拥有和经营公寓楼发了财。周
> 198 末的时候，他偶尔会带上他的一两个孩子去检查房
> 产。唐纳德在《跛脚的美国》（*Crippled America*）
> 一书中回忆说，“他去布鲁克林那些治安不好的地
> 段收小额租金时，会拖着我到处跑。做房东可不是
> 好玩的事情，不强悍做不来。”在一次这样的收租
> 之行途中，唐纳德问弗雷德，为什么他总是在按完
> 门铃后站到房门旁边。他的父亲回答：“因为有时
> 他们会直接朝门开枪。”

所有被讲述的人生都可以通过望远镜或显微镜来观察，使它们变得渺小而平凡，或者精细而有质感。故事尽管有其局限性，对于我们全面理解人生的意义却是必要的。毕竟我们的人生真的有开头、过程和结尾。不仅如此，在追寻意义的过程中，故事提供了原因、焦点和寓意，还能吸引我们的注意力。非叙事性的话语或许更有干货，但只有故事才会扣人心弦。只有故事才能在平凡和不凡之间建立联系，由此抓住人的思想。下面这篇小说通常被认为是海

明威所作，全文寥寥数语，却能比我绞尽脑汁构思的任何论述更好地展示这一点：

出售：婴儿鞋，从未穿过。

故事提供了正常和异常的不协调的混合物，并以一种方式把它们联系在一起，从而回答那个回荡在我们生活中的问题："为什么？"。此间的"为什么"处理的是人类的动机问题，所以需要采用叙述的形式来解释。我们只有在不寻常的事情发生时才会问为什么。家母讲过一个很多年前在银行弄丢隐形眼镜的故事。就在几个人帮她在地上找的时候，他们突然听到了一声尖叫。原来另一个顾客走进银行，看到地上趴着人，便以为遭遇抢劫了。这位顾客正在把眼前不同寻常的场景带入一种可以辨识（虽然不太可能）的叙事中。她不光只是困惑地站在原地，而是自行脑补出了人们趴在地上的原因，因为我们总是认为别人的非常之举一定"事出有因"。惯例和规范往往使行为呈现出透明的假象，故而相对缺乏解释的必要。一旦事情和预期不符，人们就会祭出各种解释，化不寻常的时刻为容易理解的故事。 199

如果我讲述我早年在中东的生活，解释我们为什么在十岁之前搬到英国，我可以说我出生在巴格达，父亲是约旦工程师兼承包商，母亲是爱尔兰教师。巴格达遍地都是就业机会，在他们看来似乎是个成家的理想之地，所以我的父母在那里度过了十年的幸福时光。可惜我们还是离开了伊拉克，**因为**萨达姆·侯赛因（Saddam Hussein）登场了，他会让我父亲这样的外国人过得生不如死。后来我们在黎巴嫩过得也不错，可是**因为** 1975 年内战爆发以及我的父母在聚会回家路上遭到枪击这一事实，我们被迫辞别贝鲁特，来到了伦敦南部的珀利。在这个粗略的故事里，那些听起来像是变化或转折点的部分——比如移民——需要加上“因为”，而在某个城市享有“十年的幸福时光”则几乎都是平铺直叙。

200 把人生置于叙事框架之下，就是设法赋予它意义和重要性。从亚里士多德时代开始，许多作家都曾评论说，叙事形式服从于某些重复的元素和特征。作为探索这种叙事类型学的努力之一，作家克里斯托弗 布克（Christopher Booker）在其职业生涯的大部分时间里，都在探索七种重复出现的基本情节。这些情节似乎驱动着文学和其他形式的“讲故事”，比如形形色色的电影[5]，而且可以帮助我们一窥自己在叙述人生时可能使用的情节手段。它们分别是：

> 1. **战胜怪物**：这类故事的内容和战胜某种威胁有关。前文那些讲述英雄人物以这种方式展示超群技艺的电影，便是一种尤为大快人心的故事形式。

布克将恐怖电影《大白鲨》(*Jaws*)与古英语故事《贝奥武夫》(*Beowulf*)做了对比，由此揭示出二者明显的雷同，以及我们对勇者斗恶龙的故事多么热衷。不过，这出戏倒不一定非要在史诗层面上演出。我在珀利念高中时，偶尔会被一群男生欺负，其中一人特别喜欢用“阿拉伯蒜头”这个词挤对我。在入学的第一年里，我曾多次遭受这种侮辱。某天下午，我在物理实验室旁再度遭到他的嘲笑，忍无可忍的我终于一拳打在了他的尖下巴上。那一拳其实并不算重，可是自那以后欺凌就停止了。瞧，我不仅战胜了怪物，而且又夹带了一段个人传记！

2. **白手起家**：贫穷的主人公名利双收。有时，这种情节还会经历一次财富失而复得的转折，顺便来一段关于富贵不能淫的说教。这类故事并不会具体展现从贫穷到富有的转变过程，它们关注的是那些被忽视、被小看的卑微者是如何走到聚光灯下，如何赢得喝彩的，比如灰姑娘靠魔法华丽转身或者克拉克·肯特(Clark Kent)在电话亭变身超人的桥段。家父讲述他的破产故事时便遵循了这种模式：1975年黎巴嫩内战爆发后，贝鲁特成了一座废墟，所以他不得不放弃那里的事业，背负着高企如山的债务，从头再来。

3. **求索**：这类故事的焦点是寻求某种能够改变局面的东西，比如《白鲸》（*Moby Dick*）中的白鲸、圣杯传说（Holy Grail）中的圣杯和《拯救大兵瑞恩》（*Saving Private Ryan*）中的瑞恩。好莱坞用“麦高芬（MacGuffin）”这个词来泛指这类求索的对象，它的提出者通常被认为是希区柯克（Hitchcock）。你可以看到个人的生活故事是如何运用这个逻辑的。只要你有某种人生目标，并且在为之努力后取得成功，你就有了一个相当精彩的故事可讲。它不一定非得是弗朗西斯·克里克（Francis Crick）、约翰·沃森（John Watson）[1]和罗莎琳·富兰克林（Rosalind Franklin）发现DNA双螺旋结构这样的惊世壮举，哪怕是经过一番苦练后参加伦敦马拉松也行。

4. **远行与归来**：这是一种非常容易辨认的故事形式：旅行者们（比如《星际迷航》[*Star Trek*]或《尤利西斯》[*Ulysses*]里的船员）外出探险——一路遭遇种种足以改变人生的经历，有时还会受苦受难——最后回来讲述他们的故事。现实生活中，有些人真的有周游世界的经历可以吹嘘，但是对许

(1) 此处作者有误，实为詹姆斯·沃森（James Watson）。

多人而言，仅仅讲述大学时的经历便要祭出它来。这种故事类型是我们大多数人的人生叙事中耳熟能详的部分，哪怕对许多人来说，它不过是描述一次插曲满满的假日游而已。 202

第五和第六个基本情节分别是**喜剧**和**悲剧**，两者都会涉及人生百态，但是在戏剧冲突的解决方式上有所不同。一个人在蒙受惨重的损失后，只要试着从创巨痛深的经历中走出来，即便无法得到真正的救赎，也终究会苦尽甘来。哪怕某种境遇最终导致灾难性的后果——就像奥赛罗和他心胸狭隘的致命缺陷那样——你所讲述的故事总体上也是引人入胜的。喜剧则往往以拿主人公开涮，用稍显荒诞的色彩或急中生智的诙谐来化解或避免那些可能酿成悲剧的困难和威胁。喜剧通常在幽默之余暗含现实的黑暗，使我们得以笑看人生的诸多痛苦之源。在《伴娘》（*Bridesmaids*）这样的喜剧电影中，我们同样可以看到批评、拒绝、困惑和失去地位的痛苦，但这些戏剧冲突总是被主人公用机智俏皮、温情满满的方式所化解，即便它们往往只是暂时得到了解决。

布克的第七个情节设置是**重生**。他说：

早年时我们接触过一类与众不同的故事。最

> 初它以童年故事的形式为我们所知，围绕王子和公主等童话故事里常见的年轻角色展开，讲述他们和黑暗巫师、邪恶女巫或狠毒继母之间的矛盾。
> 203 但这类故事又与白手起家或者战胜怪物的传统故事有所不同，因为它包含了一个使之与其区别开来的关键要素。

这个要素就是某种形式的个人转变：迷途知返，重回正轨。其中涉及的成长、进步和教训往往得益于某种温情的救赎行为。比如从小到大一直为某种焦虑困扰，最终借由和解或直面恐惧得到解决，或者释怀。

我之所以特地阐述布克总结七种基本情节[6]的尝试，既是为了探究讲故事总体上涉及哪些要素，也是为了弄清我们在叙述自己的生活时如何将其用诸己身。在我们争取好评的过程中，这样的叙事手法意义重大，因为它提供了一些情节，使我们能够直接或间接地把自己既“好”又“牛”这一点传达给别人。布克认识到，这些基本主题存在其他变体，而且许多故事会同时包含多个主题。这种叙事类型学存在一定的人为成分，我个人是比较喜欢的，因为它能提醒我们，讲故事从来不是有啥讲啥这么简单。须知，要想让故事引人入胜，就得有巧妙的构思；想让故事趣味横生、真实可信——毋宁说要想让故事能够被人评判的话——就必须遵循叙事原则。要想让我们的人生故事具备叙事连贯性，我们就得用各种插曲和焦点来令其节奏分明。要想让故事值得讲述，我们就得不时地制造和化解戏剧冲突，不时地穿插各种事件，并且让人知道“接下来发生了什么”。

更重要的是，我必须能问心无愧地说这些都是我人生 204
传记的一部分，哪怕它们给我恍若隔世的错觉，而且是基于复述而非实际的记忆，让我本人都怀疑我和自己描述的小男孩究竟是什么关系。他既是我，又不是我。哲学家阿拉斯代尔·麦金泰尔（Alasdair MacIntyre）认为自我不是一个单一而简单的实体，人实际上是在一个始于出生、终于死亡的故事里扮演主角。这意味着你有责任对构成你人生故事的行为和选择做出解释。[7] 如果你不能用这种方式自证清白，我们就会怀疑你究竟是不是你所自诩的那个人。这一点反过来又会要求你确保自己的叙述清晰易懂。我对自身行为的叙述必须与别人对我行为的描述一致，因此我所讲述的人生故事也必须与他们的版本一致。

我们重视连续性。我们喜欢想象自己的故事自然而然地沿着一条连接过去和未来，介于真实和虚构之间的叙事路径发展。维特根斯坦在另一个语境下使用的这个比喻，放在此处很是贴切：

> 我们发现，所有的比较（即我们使用“比较”

> 这个词的行为……）都是由大量重叠的相似之处联系起来的。一旦认清这一点，我们就不再觉得它们必有某种共同特征了。把船系在码头上的是一根绳子，绳子由纤维组成，但它的强度并非来自贯穿首尾的任何一条纤维，而是来自大量纤维相互重叠这一事实。[8]

205 这意味着，一旦我们试图对变化和明显的前后不一做出解释，我们就会开始拆解现有的故事，代之以新的版本。比如一个人早年自陈“我数学烂”，后来逐渐以“我是独具慧眼的炒股好手”自居。很多时候，甩掉现有的故事都是一桩冒险的事情，所以我们宁愿抓住老故事不放，自以为赋予它意义的重量，也就赋予了它某种理所当然的属性。可是，一旦我们凭直觉知道（或者有人向我们展示）并没有人赐予这些，很大程度上只是我们自己歪打正着的结果，我们就只能眼睁睁看着这个故事慢慢被人淡忘。我们必须接受自己的过往之于我们的不可预测的影响——我们的欲望是由那些难以察觉也难以抗拒的力量所塑造的。

自传式回忆的一个核心要素，就是处理情绪。玛雅·安吉罗（Maya Angelou）曾说，她发现“人们会忘记你说的话，人们会忘记你做的事，但人们永远不会忘记你给他们带来的感受”。某种程度上，我们在回忆自己的人生时也是这样，总是倾向于记住事情予人的感受，无论这感受是难受、激动还是尴尬。一旦某件事的当时情绪随着时间而淡化，我们就得着手编造令人信服的故事来覆盖它们，以便让情绪反应本身合理化，进而在回顾往事时找到合适的语言来解释它。自信的人记得的是建立在自豪之上或者给力的情绪，所以他们会记起越来越多的细节，通过添枝加叶来强化观点；缺乏自信的人被羞耻等相对令人不快的情绪所困扰，所以往往记起的内容越来越少，用迷雾般朦胧的叙述保护自己。

我在青少年时从天主教徒变成了无神论者。多年后谈及 206
此事时，整件事的来龙去脉似乎听起来颇为理性，但实际上其中暗含的情绪才更加真实地反映了当年的经历。理性版的故事是这样的：首先，我记得自己曾对教皇抵达南美穷国后是否有权亲吻机场跑道一事表示过怀疑。毕竟，这些国家的儿童死亡率正是由于教会对堕胎的态度而上升的。这件事启发了我，让我觉得不该拘泥于天主教的思维，而该把自己视为一个广义的基督徒。可是我又想起自己曾对宗教与地理之间的高度相关性（当时克罗伊登没有多少神道教徒，而约旦人口也只有 6% 是基督教徒）颇为费解。在我看来，具体信仰什么宗教似乎与时间地点有着近乎荒谬的关联性。既然这样，干脆笼统地信仰一个不受限于任何特定宗教的神不就好了？好吧，有一阵子我的确觉得这种思路颇有道理，直到后来我拜读了伯特兰·罗素（Bertrand Russell）的《我为什么不是一个基督徒》（*Why I Am Not a Christian*）。该书详尽而令人信服地推翻了任何继续信神的理由，由此坚定了我对无神论的信仰。

虽然我很想说“后来的事情都是历史了”，但我知道一切绝非如此简单有序。要说我对什么更有把握，恐怕要数我在人生的成型阶段有过怎样五味杂陈的感受，比如对曾经深信不疑的事情产生怀疑后的担忧和焦虑，还有对仍然笃信天主教的母亲得知此事后会有多么失望和不安的预感。我记得做完最后一次告解后再次遇见罗奇福德神父是多么尴尬，在学校的音乐中心撞见他的那一瞬，我便知道我俩
207 都对几天前我在所谓“匿名”告解室里说了什么心知肚明，那种感觉犹如芒刺在背。我也记得自己因为能在如此重大的事情上自己作主而兴奋不已，还记得自己因为某些信教的朋友对同性恋的看法而感到出离愤怒。无论我的官方版本多么理性和连贯，我都深知真实情况不可能如此。相对确信的唯有其中包含的情绪，以及将解释性的说辞套入这些情绪是多么轻易这一事实。然而，鉴于那场从信神到不信神的转变如今只剩下我的复述可供追溯了，官方版本就成了我不得不坚守的东西。这就像对着照片回忆某个假期一样，我们无法直接获取当初的体验，而是迷失在那些勉强接近彼时感受的版本里。正因如此，我们既不能尽信那

些精心打磨的事后重述，也不能忘了这一事实：我们对每件事的评判或多或少都建立在不靠谱的论据上。就连故事的讲述者本人也并不清楚彼时彼地的实际全貌。

既然连自己对人生中具体事件或焦点的描述都不可信，别人口中关于我们的人生故事还能靠谱到哪儿去呢？艾米·怀恩豪斯去世后，她的人生以纪录片的形式呈现于世人眼前，但她的家人却对片中的说法表示抵制。这是一种名人特有的隐忧，因为大多数人并不需要与影视制作人或传记作家对他们的人生解读较真，我们几乎连“其他死者”都不算。“其他死者”这个短语出自《白宫风云》里的唐娜泰拉·摩斯（Donatella Moss），她在认识到自己在美国政府的权势等级里排名老几后，用它自嘲了一番。她说，如果他们在外事访问中遭遇暴力事件，新闻报道估计会说“白宫副幕僚长乔希·莱曼（Josh Lyman） 208
（她的上司）今日突遭恐怖分子炸弹袭击，不幸身亡。其他死者还包括戴安娜·摩斯（Diane Moss）”。“其他死者”无足轻重，就连姓名都可能被弄错，或者干脆被省略掉。

虽然普通人不会受到专门拍纪录片来评说这样的待遇，但多数人的一生还是会以葬礼的形式画上句号，而且在葬礼上会有人尝试对他们的一生给出总体评价，列举他们得以与别人相区别的品质和经历。名人对压缩和戏剧化需求造成的扭曲持开放态度，殊不知普通人的一生也会在葬礼上遭到扭曲，只是原因往往另有所在。葬礼演说是盖棺定论，也是为逝者讳的善意美化。之所以如此，通常是因为大家都在哀悼，深知人非圣贤，或者至少是不想“说死人坏话”。

普通人的生命结束后，会蒙上一层近乎无可指摘的色彩，令观者对其整个人生肃然起敬。这是可以理解的。想必你还记得约翰·刘易斯百货公司几年前那支著名的广告短片吧？那是一段从女童到老妇的人生历程，从中可以看到主人公走过人生的一个又一个转折点：玩耍的小姑娘变成女学生，女学生变成妙龄女郎，然后嫁为人妻，最终儿孙满堂——这一切都伴随比利·乔尔（Billy Joel）的那首煽情小调《她永远是个女人》（*She's Always a Woman to Me*）呈现在观众眼前。虽说这个故事流于俗套常规，无甚新意特色，可是看到这种概念上属于“每个女人”的有限人生以这种手法描绘出来，多少还是让人有些触动的。这
209 段简单的广告用 1 分 31 秒的时间，讲述了一个跟乔妮·米切尔（Joni Mitchel）的《绕圈游戏》（*The Circle Game*）异曲同工的故事，纯然是为了宣传一家百货公司。可尽管如此，该视频还是被观看了将近 200 万次，而且收获了大量洋溢着真情实感的评论。

传记片、讣告和葬礼演说能够比真实的人生制造更多的叙事，故而往往会磨去人生的棱角，乃至重塑人生。我对你的人生故事作何评判，将受制于你对故事内容所作的

筛选、强调和省略。要想全面评判某个人的一生，恐怕得动用博尔赫斯（Borges）在短篇小说《论科学的精确性》（*On Exactitude in Science*）里描述的地图那样的东西。那种地图建立在这样一个观念之上：无论处理任何地形，只有用1 ：1的比例绘制才最精确。换句话说，地图跟它描绘的东西一样大。殊不知，不管讣告由谁来写，都免不了要管理视角和篇幅。[9]

当我们试图在这些叙事网中捕捉自己人生的全貌时，传统叙事的诸般特点往往会在简化过程中使原本充满质感的生活变得丝般顺滑。在电影《拯救大兵瑞恩》的结尾，我们看到瑞恩和他的大家庭出现在一个人的墓碑前，墓主是他在五十多年前第二次世界大战中的救命恩人。那位军官（汤姆·汉克斯［Tom Hanks］饰）为了拯救瑞恩牺牲了，临终时留下了一句响彻瑞恩余生的话："别辜负了！"这便是瑞恩转向妻子，泪流满面地问自己是不是好人的原因所在，仿佛这么大的问题一个字便能回答似的。

但是这类经过漂白、甜得腻人的处理并不会真的奏效。我们知道自己的生活比它们复杂。某些玩世不恭的作家在临走之前也不忘皮一下，他们的幽默能够帮我们以一种相 210
对不那么神圣和连贯的方式看待人生。比如奥斯卡·王尔德的那句"这张墙纸和我正在进行生死决斗，我们两个总有一个得走"，还有格鲁乔·马克思（Groucho Marx）为自己构思的墓志铭，“不好意思，我站不起来了”。得益于二者的帮助，我们在面对死亡的无垠及其引发的慨叹时不再自感渺小。[10] 可以说，这些作家不是向我们讲述死亡本身，而是让我们一窥他们各自的生活。

葬礼提供了一个令人怆然的视角，让我们从头到尾捋清了人生的绳索，但我们也要警惕，经过这番拉伸之后的人生可能会显得太过干净笔直。讲故事是不可避免的，但并非所有的故事都需要这么简单。

向文学取经

Learning from literature

文学评论家詹姆斯·伍德曾援引瓦尔特·本雅明（Walter Benjamin）在《讲故事的人》（*The Story Teller*）一文中的话：“死亡是读者用来暖手的火焰。”[11] 伍德认为，死亡提供了一个有利的观察点，从这个位置可以企及某种近乎全知的视角，让故事讲述者对其描述的完整人生具有权威性，从而使他们的故事得以传播。比如，你可以说，主人公一生中只经历过两段真爱。

他说这种松散的包装正是小说的有用之处，同时指出了小说是如何将实际经历的事情，或者实例和形式同记忆

中的它们联系起来的。生活中的我们无法如此轻易地做到这一点，因为我们会在具体的事件中迷失方向，直到事后 211
回顾时才能看清形势。不过，通过向小说家们取经，我们倒是可以对如何评判人生的质地增进了解。小说家们既包装了故事，又保留了叙事连贯性，使得细微差别和独特细节仍然得以兼顾。与较为简单的故事不同，我们在小说中可以看到重要性、意义以及对后世的论断如何从无数纷繁细节构成的背景中散发出来。简化过度，人生会变得过于雷同；简化不足，我们又会被未述之事牵着鼻子走。玛格丽特·阿特伍德（Margaret Atwood）很好地描述了实例与形式之间的紧张关系：

> 当你置身于故事之中的时候，它根本不是一个故事，纯粹是一片混沌；黑暗中的一声咆哮，一种盲目，一堆碎玻璃和碎木头组成的残骸；就像被旋风撕裂的房子，被冰山压垮或者被急流席卷的船，船上的所有人都无力阻止。只有在此之后，当你向自己或他人讲述的时候，它才会勉强变成一个故事。

阅读那些拥有各种缺陷、扮演各色角色的虚构人物就是以上帝视角观察他们。我们检视他们的思想，自认为拥有“监察力”。正如伍德所言，我们有能力把“某人存放私密想法的口袋翻开来，看着其中的过错像零钱一样无差别地掉落在地”。不过，由于人物是虚构的，他们的行为造成的影响仅限于小说之内，并不会直接与现实生活相作
212 用，所以我们可以对其善加评判。伍德进一步指出：“我们的审视总是逐渐远离（道德层面的）评判，转向亲密、同情、怜悯、交流。我们拥有监督者耶稣那样不可思议的大能，宽恕者耶稣那样仁慈的慧眼……”伍德的这番论断可能乐观过头了。至于我们通过文学邂逅的每一个人，是否符合这种充满温情的描述，恐怕值得商榷。不说别的，《洛丽塔》（*Lolita*）里畸恋桃乐莉·海兹（Dolores Haze）的亨伯特·亨伯特（Humbert Humbert），还有《1984》里那个对温斯顿·史密斯（Winston Smith）施以酷刑的奥布莱恩（O' Brien）显然不会唤起我们内心最温情的一面。然而，对人生做出评判，无论善意与否，都终究是道德和审美层面的评估，这意味着好的读者在某些方面堪比艺术评论家，同样要注意平衡、戏剧性、真实、虚假、空虚以及对他人的影响。从这个意义上说，善于评判就是善于阅读。

关注他人生活的细节，或者像伍德所说的那样“认真留意”，是保存个性之火的良方，也能让我们较之懒惰自利的评判者做出更加公正、更加审慎的评判。回到罗斯的《人性的污点》，我们可能会问，究竟该如何从整体上评判科

尔曼·希尔克呢？我们是否应该原谅他不顾一切、有时甚至是残暴无情的逃避欲呢？谁是判官呢？罗斯的用意，似乎是想让故事的叙述者内森·祖克曼充当强效观众。那么，内森是如何评判科尔曼的呢？虽然他看到了科尔曼在“监察力”方面的弱点，但他仍然像“宽恕者耶稣”一样，更倾向于解释，而非谴责。事实上，内森还不止于此，而是极力捍卫友人那复杂和有缺陷的一生。当他看到科尔曼的
“过错像零钱一样掉落在地”时，他断然拒绝将自己看到 213
的一切定罪。

内森在小说的开头便告诉我们科尔曼和福妮娅已经去世了，只是后来在“净化仪式”那一章才交代他们的葬礼。正如前文所述，葬礼演说这种总结陈词必然会漠视人生的复杂性，通常这是用说教和伪善来掩盖一段人生及其主人。科尔曼和福妮娅的情况也是如此，死亡从根本上背叛了他们的独特本质。正如内森所言，“死亡的介入使一切变得简单。每一丝疑惑，每一丝顾虑，每一丝不确定都被藐视万物的死亡弃之不顾”。拜盖棺定论所赐，科尔曼和福妮娅的人生成了别人任意评说的东西，被他们重塑为一个一尘不染、前后连贯的故事，连答辩的权利都没有。就拿福妮娅来说，她在入土之际竟然沦落为一个“精神追求者”和热情友好的人，她热爱农场里的小牛群，还从扫厕所这件事里看到了高贵。她内心那只乌鸦的声音，则就此沉默了。

科尔曼葬礼上的净化仪式更加宏大。判官中的判官内森告诉我们，许多人围在一起，观看他的一位不忠的前同事试图用自我鞭笞的方式，把科尔曼·希尔克身败名裂的故事洗干净。“赫伯·基布尔（Herb Keble）不过是另一个试图翻案的人而已，只是这次换成了主动承担罪责这种大胆的、甚至可说是有趣的方式。可事实仍然是，他在关键时刻并没有挺身而出，所以我真想在心里替科尔曼说，去你的吧。”

214 内森不惜得罪人也要为自己最亲密的朋友辩护，但他同时也认识到，无论置身事外的解读者对科尔曼追求自由的叛逆性表示赞同还是反对，整件事都和他们毫不相干。

> 他是否仅仅是另一个这样的美国人：只要有助于获得幸福，便愿意遵循伟大的拓荒传统，接受民主的邀请，抛弃自己的出身？难道不止于此？或者尚不及此？他的动机有多狭隘，多病态？如果两者皆然——有什么关系？如果两者皆非——又有什么关系？

虽然科尔曼在许多方面都有瑕疵和污点，但是在读者眼中，他与内森和福妮娅的关系在某种程度上挽救了他。透过内森的眼睛（相对于被科尔曼无情拒绝的母亲和兄长的眼睛），我们可以将心比心地看到，科尔曼其实是严酷环境的受害者，“被这个世界恶毒的牙齿还有这股叫世界的敌意同时折磨着”。

内森的评判之所以饱含同情，部分原因在于他能更加感同身受地理解科尔曼对自由的渴望。忠诚的友人给出的评判虽然没有批判性，也不完善，但其中也蕴含了一些美好的东西。敏锐的哲学家亚历山大·内哈马斯（Alexander Nehamas）在他的《论友谊》（*On Friendship*）一书中把朋友比作活生生的隐喻。一个活生生的隐喻，比如“建筑是凝固的音乐”，是一个你总能找到更多共鸣的隐喻。反观死气沉沉的隐喻，就只会沦为陈词滥调，而且可以被精确地概括。说某某人“翘辫子了”，仅仅意味着他死了，没 215
有别的意思。工具性关系也具有这种可替代性。如果你只是因为某人为你剪过头发就花时间和他 / 她相处，那么在某种程度上，此人和其他能够完成同样任务的人就可以互换。真正的朋友如同活生生的隐喻，或者重要的艺术品，具有某种独一无二且不可言喻的品质，故而需要永久而专一的关注。“你的真实身份会带来巨大的不同：就像一个活生生的隐喻，你是不可替代的。”[12]他还扩展了这一观点，称“就像隐喻一样，我们永远无法完全知晓他们在我们的生活中将扮演什么角色”。亲密的友谊与可以替代的友谊正好相反，诠释的可能性无穷无尽。

内森有幸在晚年发现了友谊的这种品质。在与科尔曼·希尔克建立友谊之前，他曾经用自己的方式体验过自由，把自己设想为一个摆脱了喧嚣的人，“远离所有恼人的纠缠、诱惑和期望，尤其是远离自身强烈的情绪”，这意味着你必须“营造寂静……把寂静的包裹视为自己首选的优势之源和唯一知己”。但是这种在无人见证的情况下与世隔绝的尝试，对内森来说是不够的。他意识到了在没有他人参与的情况下渴望自由的局限性，无论对他自己还是他的朋友而言都是如此。“若想以最小的痛苦生活于尘嚣之中，秘诀就在于尽量让更多的人随你一起妄想。”

216 内森是一个既能为科尔曼说话，又能反映其人生故事特殊性的人。罗斯在处理内森对科尔曼的描述时，体现出了詹姆斯·伍德所谓的“生活性”，也反映了不可靠的叙事这一无法回避的事实。生活性或许是最接近生活的东西，但它终究不是生活本身。内森可以为科尔曼代言，罗斯可以凭借上帝视角为内森代言，可谁能为我们代言呢？我们对虚构人物可能会流露出更多的同情，对于真实人物反倒有可能带头扔石头，这是因为真实人物能够切实地影响你我，所以有必要对其做出更强烈或者性质迥异的评判。可见，文学虽然可以被视为帮助我们与“他者”交流的共情引擎，但现实生活中的共情必然是有限度的。无论我们乐意与否，我们在和彼此打交道时总是会把评判掺杂其中。尽管如此，我们还是可以从文学中习得一种让评判变得相对临时的方法。我们要做的就是承认矛盾的存在，并且认识到，爱和恨其实是相同腺体的产物（借用格雷厄姆·格林［Graham Greene］的说法）。借助文学提供的万花筒般的视角，我们在彼此眼中将变得少几分卡通色彩，在描绘彼此时也变得多几分谨慎。

在《自我的把戏：成为你意味着什么》（*The Ego Trick: What Does It Mean To Be You?*）一书中，哲学家朱利安·巴吉尼（Julian Baggini）采访了多位不同的专家，试图拼凑出一个或许不那么连贯，但是比我们习惯性自诩的那个形象更加准确的自我形象来。他说我们倾向于把自己看作贝壳里的珍珠，持久而坚实。可惜这个比喻并不恰当，无助于我们理解正在发生的事情。我们不是贝壳里的珍珠，正如我们不是面具下的面孔，不是台前幕后的演员，冬日里光 217
秃秃的树也并不比平时枝繁叶茂的树更加真实一样。我们似乎更像是一群拥挤不堪、持续演奏的乐手。大家轮番表演，却没有任何原创之声明，不变之真相，也没有开头或结尾——不过，不同的主题和价值倒是在一片嘈杂之中清晰可辨。[13] 我们最好还是想一个更好的形象来取代那个关于珍珠的比喻，而且这个形象要包含一系列随时间推移而变化的思想、记忆、观点和版本。哲学家盖伦·斯特劳森（Galen Strawson）是巴吉尼的受访者之一，此公的不连续感似乎比大多数人极端得多。他干脆回避了叙事自我的概念，认为它不过是一种错觉，而且对他本人毫无影响：“有些人像我一样，真的觉得自己活在当下，他们甚至不认为当下的自我一分钟前存在过。”《自我的把戏》这本书的中心思想是保持包装的严密性，从而让珍珠形象的叙事连贯性得以保持下去：“这个把戏就是在一个没有控制中心的大脑中，用一条实际上凌乱不堪、支离破碎的经历和记忆序列创造出某种强烈的统一感和形式单一性。”[14] 这种技巧——“认真留意”、仔细评估，外加根据新的认识修正评判的意愿——可以帮助我们在忠于实际经历的不连贯性和让故事变得更易理解之间取得必要的平衡。不管我们耍这个把戏耍得多溜，我们不必拥有盖伦·斯特劳森那样让人晕头转向的直觉便能意识到：任你玩出花来，把戏终究是把戏。

重要性
Significance

218 阅读菲利普·拉金（Philip Larkin）的诗作是一种令人唏嘘的体验，因为他是那么恐惧自己的死亡，百般预想自己的死亡，并且把这种执念写进了他的大部分诗里，比如《晨歌》（*Aubade*）和《继续活下去》（*Continuing to Live*）。

更可叹的是，关于他的死亡预感，现在我们已经痛心而确切地知道了答案：菲利普·拉金最终于 1985 年 12 月 2 日在赫尔河畔金斯顿溘然长逝，享年六十三岁。

然而，此间的感伤甚至超越了上面这种上帝视角。拉金不但害怕不可避免的死亡，还害怕自己的人生最终变得微不足道。我们是一种极端社会化的动物，拥有获得好评的深切需要，可是在这种偏爱的背后，还有更基础的被评判的需要。这就要求我们在他人眼中变得足够重要，值得他们评价。拉金在他的诗《继续活下去》里描绘了那个回首人生的最后时刻，即“(他的)死亡降临的那个绿色夜晚”，并且想象了一番人生的盘存，“将我们举止间留下的盲目印记/隐约看清”——彼时彼刻，你会清点自己做了什么，没做什么，并且理解这一切对世界和他人有何影响。当你这样做的时候，你会意识到“这份提货单很难令人满意/因为它只适用于一人/而那人行将死去”。这意味着我们终将失去重要性。尘归尘土归土，盲目的印记从视野中渐渐消失。正如麦克白在麦克白夫人去世后评价的那样：

> 人生不过是一个走动的影子，
> 一个在台上时而得意，时而焦躁的拙劣演员，
> 匆匆演罢，便沉寂无闻。 219
> 这是一个愚人所讲的故事，

充斥着喧哗和骚动，却毫无意义。[15]

当然，颇为讽刺的是，很多人的一生诚如拉金描述的那样归于遗忘，而作为一个“行将死去”之人，拉金本人倒是被后人铭记了，而这恰恰是因为他表达了这种对失去人生重要性的恐惧。他的人生是由诗人而非愚人所讲的故事，而且从那时起便一直保持着重要性。

虽说并不是人人都有传记片来纪念，甚至连位列“其他死者”（即使名字印错了）的资格都并非人人可享，但有时寻常人生也会显出几分电影色彩，变成叙事的对象。婚礼提供了一个与葬礼类似的舞台，在婚礼当天，结婚的夫妇是不容置疑的名人，他们必须登台演讲，必须是众人瞩目的焦点。“幸福的新人”与宾客交谈时，后者甚至会因为受到单独的礼遇而受宠若惊。这个例子表明，在寻常人生中，如果有公共叙事的必要，也会出现一些高潮和罕见的瞬间。只是，多数情况下，我们还是活得默默无闻。

当然，我们的所作所为具备的那些微小和微妙的重要性还是可以恢复的，只是这一真相唯有通过细致的关注方能明了。乔治·艾略特（George Eliot）对《米德尔马契》（*Middlemarch*）的结局处理多年来一直令我感动，下面这段文字总结了主人公多萝西娅（Dorothea）在一个小镇上注定平淡无奇的人生：

> 但是她的存在对身边人产生的影响却广泛到难以估量：因为这世上的美好日渐增多，也部分依赖于那些不会青史留名的举动；你我的境遇之 220
> 所以没有那么糟，至少一半归功于那些生前兢兢业业、寂寂无闻，死后在无人拜谒的坟茔中安息的人。

在此过程中，艾略特实际上是在无声地修复重要性，对于理解我们之于彼此的微妙影响及其累积产生的重要性，这一点非常重要。多萝西娅微妙的重要性被小说家的全知之眼保留了下来，可惜鲜有普通观众能给予如此高质量的关心。艾略特对日常生活中的评判看法较为悲观，她认为“我们所有人生来都是道德弱智，以世界为乳房，滋养我们至高无上的自我”。我们彼此给予的微妙影响、关心和注意“尚未融入人类粗糙的情感；或许是因为多了身体吃不消。如果我们对所有的寻常人生都能明察秋毫，感同身受，就好像听得见小草的生长和松鼠的心跳，那样的我们怕是要死于寂静背后的轰鸣了”。

如果没有关切而细心的观众，我们在面对那些相对不大善解人意的目光时，该怎么做才能抵抗这种渺小而徒劳的感觉呢？“乔治·贝利激励法（George Bailey technique）”不失为一个选项。这个词和相应的同名角色

（詹姆斯·史都华［James Stewart］饰）出自1946年弗兰克·卡普拉（Frank Capra）导演的电影《生活多美好》（*It's a Wonderful Life*）。在影片接近尾声的时候，我们看到乔治在平安夜落魄失意，破产的他万念俱灰，意欲轻生，因为人寿保险之故，“他死了比活着值钱”。就在这时他突然看到一个人正在河中挣扎，于是就把那人救了上来。
221 没想到那个男人竟是乔治的守护天使克拉伦斯·奥德博迪（Clarence Odbody）。克拉伦斯决定让乔治看看，假如他没有出生，那座小镇会是什么样子。可以想见，乔治自然对小镇的许多方面都产生了非常积极的影响，用艾略特的话来说，可谓“广泛到难以估量”。这里的情节设置并不复杂，却能感人肺腑，个中原因恰恰在于它干净利落地打消了乔治内心的渺小感。

以这个故事为线索，我们可以探索其他有助于减轻渺小感的策略。这个故事之所以能够克服乔治的徒劳感，靠的并不是“数算主恩”。的确，有些人提出用坚持写感恩日记的方式培养我们对生活的感激，具体做法就是列出让自己感恩的事情。但研究表明，这种方法作用有限。心理学家蒂姆·威尔逊（Tim Wilson）在他的《重定向》（*Redirect*）一书中指出，我们很容易陷入快乐的悖论。如果我们过于频繁地“数算主恩”，比如写感恩日记，好事的重要性就会随着一再重述而递减。乔治·贝利激励法的真正诀窍在于：首先想象你所珍视的经历或关系从未发生过，然后告诉自己这种令人遗憾的情形并非现实，从而认识到自己原来如此幸运。这种思路能让感激之心更加强烈，故而比“数算主恩”有效得多。威尔逊举例说，如果你要求人们想象自己的人生没有现在的伴侣会如何，“（他们的）关系就会再度给人以惊喜和特殊感，或许还有那么点神秘——这些正是让我们从人生的美好事物中收获的快乐得以延续的条件”。

我们没有守护天使来保证我们人生的重要性，更何况乔治·贝利激励法给我们带来的快乐想必也是有限的。我们 222
依赖于形形色色的真实观众，可我们已经看到，他们的评判是相当变化无常的。威尔逊描述了我们在反思积极评判或消极评判时的不对称性。举例来说，当你因为某人对你出言不逊而困扰时，处理这个问题的最佳方式就是让自己和批评保持距离，同时把它当作发生在别人身上的事情来重述。另一方面，如果涉及的是积极评判，你大可以享受威尔逊所说的“不确定之乐”。这是一个普遍存在的消极评判和积极评判不对称的问题。说好听的话，你可以含糊其词；说批评的话，你必须明确具体，而且要注意对事不对人。

避免渺小感的另一个方法是否认他人评判的重要性，其实质就是试着把被忽视感忽视掉。这条通往自由之路正是上一章探索的主题，也是科尔曼·希尔克人生故事的一大主线。小说家维克拉姆·塞斯（Vikram Seth）在做客广播节目《荒岛唱片》时提出了一个不那么戏剧化的观点。在访谈中，他提到了一位相识的年长女性，说她对生活和他人的心态都很好。那位女士说，与其花那么多时间去纠结别人怎么看待**她**，她更愿意关注**自己**对别人的看法。于是，塞斯也在不久前决定取经和效仿。

这种反客为主的思维转变在简单之中蕴含着强大的力
223 量。无疑，对于我们这些过分在意别人意见的人来说，这是个很好的建议。一个经常被观察到的现象是，人们对遭人评判的焦虑在人生较晚的阶段会减少。珍妮·约瑟夫（Jenny Joseph）在她的诗作《警告》（*Warning*）里开门见山地说“等我成了老太婆，我要穿紫色衣服”，很好地把握住了这种反叛精神。她要穿着紫色衣服面对世人，“在商店里狼吞虎咽地吃样品，按警报 / 用我的拐杖扫过公共护栏”。她要弥补“年轻时的清醒”，学着吐口水。最后，她以一番自问自答结束了这首诗。为什么要等？就像维克拉姆·塞斯没有等到七十岁才学着关注自己对别人的看法一样：“也许我现在就该练习一下”。

然而，正如我们在上一章探讨的那样，这种希望也是有限度的。我们无法摆脱自己的强效观众。无论是堕入怪异失常的地步，还是过度关注你对他人的看法，毫不关心别人对你的看法，都会使你与提供正名的来源渐行渐远。

倘若这种转变过于成功，结果就是自我孤立，不再理会他人的看法，最终导致重要性和意义再度稀释。想想看，如果每个人都成功了，世界将是何等景象：我们全都只是评判他人，永远不会受人评判。这条路走到黑，将意味着永远不会承受恶评的痛苦，但也永远没有得到正名的可能。

当然，认真对待评判，在意外界看法，就是让自己时常面临失望。我们需要认识到，很多事情是我们目前无法控制的，而且有时我们会因为这些事情受到极其不公的评 224
判。关于人类评判的本质，我们已经在这本书中看到了许多令人沮丧的理由。进化的压力并不会真的关心我们是否生来就该幸福和兴旺。我们的种种倾向之所以被大自然选择，不过是为了促成繁衍而已。这导致了一种潜在的悲剧性观点，即我们注定会不断重复同样的失败。我们很容易受自欺、虚伪、自义和偏见影响，所以我们对彼此的评判既不可靠又自私自利。我们骑在海特的无意识大象背上，任由它左摇右晃，自己什么也做不了。

这个世界充满了误判，还有巨大的不平等频频上演。同经济上的不平等一样，我们甚至在此也能看到所谓的马太效应：那些本来就坐拥大量好评的人会得到更多的好评（口碑好的人即便有缺点，也会被当作怪癖包容），而那些相对缺乏好评的人则更容易受到谴责，仿佛分别处于良性循环和恶性循环之中。他人的评判不仅强大，而且不受管制。

当不公达到令人难以忍受的程度时，我们偶尔也要告诉世人“这不是我的错”“我不在乎”或者“谁也不会真的懂我”。

归根结底，我们几乎无法左右强效观众对我们的评判。如果我们有那么大的控制权，他们就不会强效了。我们无法占据中间地带，如果你自认为可以，那就读读关于内隐偏见的文献吧，保证会让你清醒过来。我们能做的就是承认你我的评判往往是错误、片面和自私的。所以，既要做出评判，又不能止步于此。要承认它们只是暂时的，
225 还会随着证据完善而修正。我们在这方面做得还远远不够。这就是为什么约翰·梅纳德·凯恩斯（John Maynard Keynes）会问我们，“当事实改变时，我会改变思路，你会怎么做？”你估计会说，我当然知道自己在做什么。和许多人一样，我们也生活在这个充斥着回声室和俱乐部文化的今日世界，很难逃离包裹我们的气泡——或者说数码化的镜子屋，它只能反映我们自己的人性曲木。因此，我们会满足于自己的评判，进而将其视为自己社交世界中理所当然的事实。我们没有像某些小说家或人类学家那样充分地思考，这些人被哲学家理查德·罗蒂（Richard Rorty）称为“爱的代理人”。在任何一个健康的社会中，这些爱的代理人都应当与正义代理人相反相成。正义代理人是标准待遇的提供者，他们认为法律面前人人平等。这种名义上的盲目正义对所有人一视同仁，无视他们的具体情况，

一刀切地给出公正无私的评价。这种态度虽然理论上听起来不错，却没有认识到：我们的诸多特异之处，无论是身体的，历史的，还是社会的，都会把我们区分开来。没有爱的代理人，正义代理人就会陷于狭隘。我们既要有伸张正义的一面，也要对各自的特异之处保持将心比心的敏感。爱的代理人能把曾经不被接受之事从边缘地带带入正义代理人的视野。之所以存在禁止种族歧视、性别歧视和年龄歧视的法律，是因为有爱的代理人为各种此前遭到压制或忽视的痛苦发声。爱的代理人具有这种敏感性，而且愿意让陌生的事物变得熟悉，让简单的故事变得复杂。小说家们提供的许多精心构思的描写都表现出了这种倾向，可以供
我们借鉴。就像詹姆斯·伍德说的那样，只要睁大眼睛，认 226
真留意，随时准备好迎接惊奇，它们就有助于避免“因为我们注意力的沉睡而给这个世界造成的慢性死亡”。[16]

无论你把爱的代理人这个角色当得多么好，最终你都会像内森·祖克曼一样认识到这番雄心壮志的极限。“世界上到处都有人相信自己已经把你或你的邻人看得一清二楚，可未知之事实际上是无底洞。关于我们的真相是无穷无尽的，谎言也同样如此”。

罗伯特·哈斯（Robert Hass）的诗《存在的特权》（*Privilege of Being*）讲述了一对恩爱夫妻的故事，他们在亲热时意识到，原来他们对彼此而言是那么不可再分地

独立和不可知。女人对男人说：

> “今早醒来时我满心悲伤，因为我发现
> 任凭我爱你多么深，亲爱的你
> 都无法治愈我的孤独，”
> 说完她抚摸他的脸，让他知道
> 她无意用这个真相伤害他。
> 不过男人并没有受伤，
> 他知道人生有涯，也知道
> 世人会英年早逝，爱情失意，
> 壮志未酬。

这番见解透着一股悲情色彩，既可以理解为悲凉，也可以理解为救赎。精神分析学家雅克·拉康（Jacques Lacan）的一句点评在一定程度上把握住了这种矛盾的实质，他认为爱意味着“把你没有的东西给予不想要的人”。

227 我的女儿们曾告诉我，某个亲戚虽然对她们每个人谈不上真正了解，但还是以一种切实且相当具体的方式爱着她们，而她们竟然也真切地感受到了爱。这让我很是惊讶，因为过去我总是倾向于认为，爱的前提在于消除人们彼此了解的差距。可这种亲密无间，这种我懂你、你也懂我的感觉，是如此转瞬即逝，不可捉摸，显然不足以成为像爱这样强大且予人救赎之物的基础，也不足以支撑起其他众多令人受益匪浅的关系。

我在写作本书的时候已经认识到，承认谁也无法真正理解你，到头来也并不是什么失败的事。我甚至已经看到，这种理解的尝试不仅最终是徒劳的，而且在某种程度上破坏了它试图建立的联系。我们有接受自身无知的需要，还要接受那些我们自认为了解的人与我们迥然有异的他者性，而通过挖掘“真相”获得上帝视角式的控制，有时会与这些需要发生冲突。即使是你也不能完全理解你自己。既然我对你的评判永远都不可能是全面或准确的，我就必须认识到，试图企及真正理解你的状态，在某种程度上反而会欲速则不达。这就如同走向一个不断消退的地平线，我大可以不断向它走近，但严格说来从未真的走近。

然而，这种理解的递延，这种相互的无知，反倒催生了某种希望。尽管如此，我们可以，也的确会像雾里看花似的评判彼此，但我们也永远心怀期待。毕竟，我的所求**应该**超越我的所及。既然我们知道自己的评判难免偏颇，这种心态不失为一个反思评判的秘诀；而鉴于我们自以为 228
是的确定性总是来得过于迅速和频繁，这种心态也可以提醒我们谦逊一点。承认彼此的了解总是不足，承认我们的审视难免有死角，反倒可以另辟蹊径地成全我们。透过这些空隙，我们每个人都可以把自己投射到一个更好的版本。

与其因为我们讲述的故事和别人口中的版本存在差距而不安，我们或许可以利用这些差距来创造自由活动的空间，让这些投射超越一厢情愿的自欺。如果大家都觉得我实际上比自己认为的更好，那我不妨把注意力放到两者的差距上，争取有朝一日能弥合它。通过这种方式，我们可以逐渐培养出新的习惯、新的美德和新的兴趣，而非受困于某种预先注定、洁白无瑕的真相之中。正因彼此的了解程度存在差距，我们才能看到一丝微弱的希望。毕竟，这样光才能进来。

无论是好是坏，没有人能真正了解你都是不可避免的事实。我们应该铭记科尔曼·希尔克在海军服役期间，在多年前那个因羞耻和自责而不堪回首的夜晚留下的文身。在他最亲密的朋友内森看来，那是“一个微小的象征，如果说别人的千百万种人生境遇，或者一部人类传记的所有纷繁迷眼的细节，都需要一个象征的话。它提醒着我，世人对彼此了解得再透彻，也总有偏差”。

是的，我们无法杜绝自己不靠谱的评判，也无法保障自己总是得到公正或准确的评判，但是我们可以注意我们评判彼此的**方式**，也可以注意我们什么时候不再注意了。如果能做到这些，我们就能更多地了解我们生活中的人，进而从他们身上学到更多的东西，乃至一切。

致 谢

Acknowledgments

蒂文·杰拉德（Steven Gerrard）是我上一本书《亲密关系》 229
的出版人，在法兰克福书展的一次酒会上，他向我提出了这部作品的最初构想。此后，我与素来支持我的经纪人威尔·弗朗西斯（Will Francis）深入交谈，逐渐形成了本书的思路。其后数年里，我又跟许多人交流取经，受益匪浅。我非常感谢保罗·彼得斯（Paul Peters）、马特·弗林德斯（Matt Flinders）和汤姆·查特菲尔德（Tom Chatfield）对某些章节的反馈——尤其要感谢汤姆，他不仅给出了广泛而深刻的点评，而且启发我想出了本书的副标题。我还要特别感谢那些不辞辛劳地读完整个初稿，然后从头到尾给出详细意见的人，包括凯特·布坎南（Kate Buchanan）、戴夫·克拉克（Dave Clarke）、山姆·格罗夫（Sam Grove）、马克·拉蒂默（Mark Lattimer）、奈尔·马尔（Nael Marar）、利斯·马尔（Leith Marar）、尼尔·森滕斯（Neil Sentance）和基伦·肖曼（Kiren Shoman）。

我非常感谢布鲁姆斯伯里（Bloomsbury）出版社的编辑丽莎·汤普森（Liza Thompson）。有一次我在演讲中提到，由于原出版公司被收购，我以前的作品也跟着换了出版商，她在听我讲完后马上就找我签下了本书。自那以后，她一直扮演着细心而富有洞察力的向导角色，并且在许多方面帮助改进了本书——通常是在一次“老派”的出版午
230 餐上边吃边聊。奈杰尔·牛顿（Nigel Newton）多年来都在声援我的工作，他也对本书的创作给予了非凡的热情和支持。我还要感谢布鲁姆斯伯里出版社的弗兰基·梅斯（Frankie Mace）、雷切尔·尼克尔森（Rachel Nicholson）、玛丽亚·哈默肖伊（Maria Hammershoy）、贝丝·威廉姆斯（Beth Williams）；“Integra”的丽贝卡·威尔福德（Rebecca Willford）；还有艾米莉·吉布森（Emily Gibson），感谢她娴熟而敏锐的审稿工作。

最后，我要向我的家人表示莫大的感谢。凯特、安娜、艾莉和夏洛特：这本书的每个部分都有我们交谈的内容，这要感谢你们一再陪我神侃。我还要感谢你们心平气和（基本上！）、无比体贴地容忍了无数次周末和假期的打扰。没有你们，我就不可能完成这本书。

作者注释

Notes

▼

绪 论

1. R. F. Baumeister, E. Bratslavsky, C. Finkenauer and K. D. Vohs, 'Bad is Stronger than Good', *Review of General Psychology*, 5 (2001): 323–70.
2. Leslie Farber, *Ways of the Will* (New York, 2000).
3. Adam Phillips, *Monogamy* (London, 1996), 7.
4. 亚伯拉罕·马斯洛（Abraham Maslow）基于需求层次发展出了一套人类动机理论。其中最基础的层次是食物、水和安全等生理需求；其次是友情、爱和声望等心理需求；最高层次是自我实现。他认为，人只有在满足了较低层次的需求后才会产生较高层次的需求。
5. Erving Goffman, *Stigma: Notes on the Management of Spoiled Identity* (Harmondsworth, 1963), 128.

第一章

1. Erving Goffman, *Interaction Ritual* (New Brunswick, 1967/2005), 33: 人类运用标志和符号的倾向意味着，社会价值和相互评价的证据将反映在一些小事之中，这些小事会被人见证，而它们被人见证这一事实也会被人见证。不经意的一瞥、瞬间的声音变化，乃至某个生态位被占据与否，都有可能让一场对话被评判性意义所淹没。因此，正如没有任何对话不会在有意或无意间产生不适当的印象一样，也没有任何对话会因为过于琐碎，而不要求每个参与者对自己和在场他人的处事方式认真关注。

2. 伍德（Wood）说福特·马多克斯·福特（Ford Maddox Ford）曾用这个例子来阐述如何“让角色就位”。
3. Nancie George, 'How Social Pain Affects Your Mind and Body', *Everyday Health* (22 January 2015), www.everydayhealth.com/news/how-social-pain-affects-your-mind-body/.
4. Oliver Burkeman, *The Antidote* (Edinburgh, 2012), 25.
5. Mark Leary, *The Curse of the Self: Self-Awareness, Egotism, and the Quality of Human Life* (New York, 2007), 77.
6. 转引自 Ephraim H. Mizruchi, *The Substance of Sociology* (New York, 1973), 200.
7. 儿童只有在发展出“心理理论”，即站在他人角度看待事物，尤其是站在他人角度看待自己的能力之后，才能理解这些情绪。
8. Goffman, *Interaction Ritual*, 111.
9. Brené Brown, 'Listening to Shame', *TED Talk* (16 March 2012), https://www.ted.com/talks/brene_brown_listening_to_shame.
10. John Sabini and Maury Silver, *Emotion, Character and Responsibility* (New York, 1998), 21.
11. Adam Phillips, 'Against Self-Criticism', *London Review of Books*, 5 March 2015.
12. 羞耻和内疚实际上互相兼容，有时还密切相关。一个单纯的行为可能会同时引发两者。约翰·罗尔斯（John Rawls）在《正义论》（*A Theory of Justice*）中要求人们：

    试想某人因作弊或懦弱而感到内疚和羞耻。他之所以感到内疚，是因为他的行为违背了他的权利感和正义感。通过错误地提升自己的利益，他侵犯了他人的权利，如果他与受害方存在友谊和联系，他的内疚感会更强烈。他知道别人会对他的行为感到愤愤不平，而且担心面对他们的义愤和报复。然而，他也感到羞耻，因为他的行为表明他没能实现自我控制的目标，不配得到他所赖以获得自身价值感的那些同伴的肯定。他忧心忡忡，唯恐他们排斥他，鄙视他，唯恐沦为讥嘲的对象。从他的行为中可以看出，他缺乏自己珍视和渴望的道德品质。（Rawls 1971, 445）

13. Steven Pinker, *The Stuff of Thought: Language as a Window into Human Nature* (London, 2008).
14. 费斯克（Fiske）还描述了第四种关系类型，即“市场定价”。他宣称，我们进化出了习得前三种关系的天性，故而它们在不同环境下都能自然而然地形成，但第四种关系是一种年代相对较近的现象，它发生在后工业化时代的市场社会中，是对效用的单纯工具性评估，所以我们还不能很好地单凭直觉处理它。
15. M. Morgan et al. (2006). 'Interactions of Doctors with the Pharmaceutical Industry', *Journal of Medical Ethics* 32(10), 559–63.
16. P. M. Lewinsohn, W. Mischel, W. Chaplain and R. Barton (1980). 'Social Competence and Depression: The Role of Illusory Self-Perceptions?' *Journal of Abnormal Psychology*, 89, 203–12.
17. 许多政治学家称，英国退欧公投的结果表明表达性动机明显胜过了实用性动机。
18. Sam Selvon, *The Lonely Londoners* (London, 1956), 25.
19. Kate Fox, *Watching the English: The Hidden Rules of English Behaviour* (London, 2005), 92.
20. “说话就是暴露说话者自己……交流障碍的解除……是通过开口说话……通过冒险暴露自己，通过坦诚示人，通过打破内向性，放弃所有保护，直面创伤和脆弱实现的。”（Emmanuel Levinas, *Otherwise Than Being, or, Beyond Essence* [Dordrecht, 1998], 48–9.）
21. Richard Feynman, *Surely You're Joking, Mr. Feynman!* (New York, 1997), 60.
22. Charles Percy Snow, *The Two Cultures* (Cambridge 2001 [1959]).
23. 克利福德·格尔茨（Clifford Geertz）发展了赖尔（Ryle）有关浓描的见解：“人是一种在自己编织的意义网中悬浮的动物。我认为文化就是这些网，因此对文化的分析不是一门寻找规律的实验性科学，而是一门寻找意义的解释性科学。”（*The Interpretation of Cultures* [New York, 1973].）

24. Mark Leary, *Self Presentation* (Colorado, 1995), 165.
25. 利里（Leary）对那些可以被描述为“特立独行者”的人和那些可以被描述为“有求于人者”的人做了对比测试。他把这些人分别放进一个房间，让他们对着麦克风讲述自己。讲述者们可以看到不可见的听众给出从 1 到 7 的分数，表明是否愿意与其互动。评分被操纵了，结果表明无论特立独行者还是有求于人者都会在意分数。于是，利里得出了结论：“社会计量器在无意识和前注意水平上运作，它扫描社会环境，寻找着任何及一切表明某人关系价值较低或下降的迹象”。（同上，78。）
26. 特赛尔(Tesser)的“自我评价维护理论”梳理了我们避免在自己的“顶尖领域”与相近相亲者争夺自尊的方法。“我们如何选择朋友和伴侣，以及我们对朋友和伴侣的成功做何反应，都会被我们保持良好自我感觉的欲望左右”。（Leary, *Curse of the Self*, 115.）
27. 正如萨比尼（Sabini）和西尔弗（Silver）（1998）阐释的那样，“真诚（真实、实在、虚假、空洞等）既有道德性，也有审美性。”在开始研究之初，扮演的角色和真实的感情在我们看来似乎必然是对立的。由于真诚是一种感觉，是有意识的内容，是冲动和激情，所以任何处理规则、标准、受操纵印象 —— 社会建构的模型都无法接近真诚。但我们后来认为，真诚 —— 就连被人们视为心口如一的真诚 —— 也需要规则、标准，乃至操纵等人为构建的东西。（64.）

第二章

1. 心理学家赫伯特 · 西蒙（Herb Simon）早在 20 世纪 70 年代便已经预言了这一点。
2. S. D. Reicher and S. A. Haslam, 'The Politics of Hope: Donald Trump as an Entrepreneur of Identity', in M. Fitzduff (ed.), *Why Irrational Politics Appeals* (Santa Barbara, CA, 2017), 25–40.
3. R. Harré, *Social Being*, 2nd edn (Oxford, 1993).
4. Jonathan Haidt, *The Righteous Mind* (London, 2012), 54.
5. 不过，你倒是可以质疑何去何从：对良好声誉的在意会促使我们按道德行事吗？还是说因果关系的箭头会指向另一个方向（就像我们可能乐于设想的那样）？无论如何，只要是形容名声，“好”这个词就往往带有某种道德色彩，而且总是跟可信度有关。正因如此，我们才会对骗子和搭便车者极其敏感。

6. NHS Choices, 'Alcohol “a Direct Cause of Seven Types of Cancer”',www.nhs.uk/news/2016/07July/Pages/alcohol-a-direct-cause-of-seven-types-of-cancer.aspx.
7. 这个说法出自艾略特·阿伦森（Elliot Aronson）的著作《社会性动物》（*The Social Animal*）。其他社会心理学家还用“慈善”和“效能”为这种组合生造了一个颇为拗口的新词“善效”。
8. Steven Pinker, *How the Mind Works* (London, 1997), 421–3.
9. Susan T. Fiske, Amy J. C. Cuddy and Peter Glick (2006). 'Universal Dimensions of Social Cognition: Warmth and Competence', *TRENDS in Cognitive Sciences* 11(2), 77–83, http://fidelum.com/wp-content/uploads/2013/10/Warmth-Competence-2007.pdf.
10. 灰质（Gray Matter）这个名字实际上取自两个创始人的姓氏——“White”（英语的“白”）和“Schwartz”（德语的“黑”）。我的同事们想必会觉得很有意思。
11. Michel de Montaigne, *The Complete Works of Montaigne: Essays, Travel Journals, Letters,* ed. and trans. Donald C. Frame (Stanford, CA, 1958), I: 28, 'Of Friendship', 142.
12. 乔纳森·海特（Jonathan Haidt）对“钦佩”和“崇敬”作了区分，他说前者是由非道德性的优秀，也就是能力所激发的，而后者是由道德性的优秀激发的。参见 Sara B. Algoea and Jonathan Haidt (2009). 'Witnessing Excellence in Action: the “Other-Praising” Emotions of Elevation, Gratitude, and Admiration', *Journal of Positive Psychology* 4(2), 105–27, www.ncbi.nlm.nih.gov/pmc/articles/PMC2689844/.
13. 我曾经给安娜·法赫蒂（Anna Faherty）的学生们做过一篇演讲（'Love and Money: It's all about the Author for Sage', https://kingstonpublishing.wordpress.com/2011/11/06/love-and-money-its-all-about-the-author-for-sage/.），而她在演讲过后绘制的文氏图就是书中这幅图的原型。
14. Jonathan Haidt, et al. (2007). 'The New Synthesis in Moral Psychology',*Sci-*

ence 316, 998, http://www.unl.edu/rhames/courses/current/readings/new-synthesis-haidt.pdf.

15. Milan Kundera, *Slowness* (London, 1998), 44.

第三章

1. Clifford Geertz, *The Interpretation of Cultures* (New York 1973), 45.
2. 你也可以做这个测试，网址在这里：https://implicit.harvard.edu/implicit/takeatest.html.
3. S. J. Spencer, C. M. Steele and D. M. Quinn (1999). 'Stereotype Threat and Women's Math Performance', *Journal of Experimental Social Psychology*, 35, 4–28.
4. American Psychological Association, 'Stereotype Threat Widens Achievement Gap', 15 July 2006, http://www.apa.org/research/action/stereotype.aspx.
5. 'Iris Bohnet on Discrimination and Design', *Social Science Bites* (interview),10 May 2016, https://www.socialsciencespace.com/2016/05/iris-bohnet-on-discrimination-and-design/.
6. Daniel Kahneman, *Thinking Fast and Slow* (London, 2011).
7. Daniel Kahneman and Amos Tversky,'Judgement under Uncertainty', *Science* 27 Sep 1974.
8. Celia Moore and Francesco Gino (2013), 'Ethically Adrift: How Others Pull Our Moral Compass from True North, and How We Can Fix It', *Research in Organizational Behavior*, 33, 53–77.
9. 乔纳森·海特在《正义之心：为什么人们总是坚持“我对你错”》（*The Righteous Mind: Why Good People are Divided by Politics and Religion*）（London, 2012）的第 61 页中引用了钟晨波（音译，Chenbo Zhong）的研究成果。后者证实相反的情况同样成立，即要求人们回忆自己道德越轨或者写下别人道德越轨的情况时，他们会更想洗手。他把这一现象称为“麦克白效应”。
10. 根据进化论的解释，我们发展出这些条件反射，是为了弄清谁值得信任，进而确定谁可以合作。这种说法可能纯属推测，而且即便得到证实，也并不意味着我们现在的心理机制仍然如此。如果说某种进化而来的偏好可能在很久以前发挥过作用，那也许可以解释它的起源——比如对甜食的嗜好曾经激励人们寻求一度稀缺的糖和脂肪，间接提高了他们的生存概率——但是很久以后此类资源已经变得唾手可得，同样的嗜好不再满足当初的需求了。进化论者认为，随着时间推移，某种特定行为（例如为了繁衍而进行性行为）的最初动机（远因），可能会与最初目的脱节，但仍然对最近动机（近因）具有强大的影响。因此，即便我们对于能否与其他团队成员进行交易或成功合作没有持续性焦虑，道德直觉也依然存在。文化进化也是如此。我们早已无须通过握手来证明自己没有隐藏武器，但握手这种习俗仍然延续至今。

11. Robert McCrum, 'A Conversation with Philip Roth', *The Guardian*, 1 July 2011, www.theguardian.com/books/2001/jul/01/fiction.philiproth1.
12. 参见 Martha C. Nussbaum, *Hiding from Humanity: Disgust, Shame and Law* (Princeton, NJ, 2004).
13. 指英国《1988 年地方政府法案》（UK Local Government Act 1988）的一项修正案，最终于 2000 年被废除。
14. L. Kass (1997). 'The Wisdom of Repugnance', New Republic 216(22),http://www.public.iastate.edu/~jwcwolf/336/KASS.pdf.
15. 现称社会直觉模型。
16. *The New Republic*, 'The Stupidity of Dignity', 28 May 2008, https://newrepublic.com/article/64674/the-stupidity-dignity.
17. 近年来，海特和他的同事们又提出了第六个道德基础：自由/压迫。这一基础在反抗限制自由的自由主义倾向中体现得尤为明显。它往往与权威基础背道而驰，试图惩治恶霸，反抗压迫。海特等人虽然提出了这些道德基础的选项，但他们也承认，随着研究深入，也许还能确立更多的道德基础，其中的某些基础或许最终还会合并。即便如此，他们仍然坚持认为道德基础为数众多。
18. 这种关于我们道德基础的说法植根于人类学家理查德·史威德（Richard Shweder）的见解，他反驳了将道德与个人联系在一起的西方道德观，认识到在大多数地方和大多数时候，人类的道德基础都比之广泛得多。通过对比个人主义和集体主义文化，他认为前者的价值观是一种自主伦理，与个人的伤害和权利有关，这在西方十分明显；而后者提供了一种强调责任和遵循公共意志的社区伦理，以及一种鼓励你把身体当作庙宇，强调神圣和纯洁的神性伦理。这种自主、社区和神性的三重区分在不同文化中程度各异，而自主在少数文化中最为明显，以西方为主。

19. Joe Henrich, Steve Heine and Ara Norenzayan (2010). 'The Weirdest People in the World?', *Behavioral and Brain Sciences* 33 (2–3), 61–83.
20. 有一种流行的观点认为，我们实际上应该只用前两个道德基础来评判他人。根据这种自由主义观点，道德应该狭隘地关注是否有人受到伤害，或者是否存在不公。而那些在评判中超出前两种道德基础(即关爱 / 伤害和公平 / 欺骗）的人将会导致一系列问题。对忠诚、权威和纯洁的过分尊重会滋生沙文主义和排外敌意、对弱势群体的征服以及种族主义、对同性恋的憎恶和其他形式的压迫。然而世界上只有少数人是这样想的。
21. *The Ecologist*, 'It Can't Be Easy Being George Monbiot', 5 December 2013, http://www.jonathonporritt.com/blog/it-can%E2%80%99t-be-easy-being-george-monbiot.
22. dissident93, 'John Pilger's "Leaked" Emails', 10 August 2011, https://dissident93.wordpress.com/2011/08/10/pilger-leaked-emails/.
23. James Delingpole, 'George Monbiot: The New Christopher Hitchens?', 27 May 2012, http://www.delingpoleworld.com/2012/05/27/george-monbiot-the-new-christopher-hitchens/.
24. J. M. Darley and C. D. Batson (1973). 'From Jerusalem to Jericho: A Study of Situational and Dispositional Variables in Helping Behavior', *Journal of Personality and Social Psychology*, 27, 100–8.
25. Michael I. Norton and Dan Ariely (2011). 'Building a Better America—One Wealth Quintile at a Time', *Perspectives on Psychological Science* 6(9), http://www.people.hbs.edu/mnorton/norton%20ariely.pdf.
26. 旁观者效应和社会证据是社会心理学概念，它们描述了我们如何参照他人形成自己的观点。前者是指旁观者看到别人对陷入困境者无动于衷，自己也会跟着看热闹；而社会证据 —— 人们模仿他人的行为来反映正确的行为 —— 则描述了他们这么做的原因。

27. M. Levine, A. Prosser, D. Evans and S. Reicher (2005). 'Identity and Emergency Intervention: How Social Group Membership and Inclusiveness of Group Boundaries Shapes Helping Behavior', *Personality and Social Psychology Bulletin*, 31, 443–53.
28. Francesca Gino, Shahar Ayal and Dan Ariely (2009). 'Contagion and Differentiation in Unethical Behavior: The Effect of One Bad Apple on the Barrel', *Psychological Science*, 20, 393.
29. Roy F. Baumeister, Laura Smart and Joseph M. Boden (1996). 'Relation of Threatened Egotism to Violence and Aggression: The Dark Side of High Self-esteem', *Psychological Review*, 103(1), 5–33.
30. 人类学家斯科特・阿特朗（Scott Atran）认为，正是“神圣不可侵犯的价值”造就了我们最根深蒂固的忠诚，为暴力和战争等极端行为大开方便之门。
31. 上议院维持了这项新判决，理由是先前的陪审团没有得到适当的引导，以至未能考虑概率多寡便认定恶果是可以预见的。于是，当事人的刑期被减至 8 年，最终他们于 1989 年获释。
32. 哈佛大学的心理学家法尔里・库什曼（Fiery Cushman）检验了这样一个观点：受到惩罚的时候，我们会从结果而非意图中得到更好的教训。他让人们向一块用不同颜色表示不同分值的木板投掷飞镖。投掷者不知道什么颜色的分数高，什么颜色的分数低，但投错了颜色会受到惩罚。投掷者被分为两组：一组选择想要的颜色，另一组直接投掷。结果后一组学会了更有效地识别高分颜色。
33. Joshua Knobe (2003). 'Intentional Action and Side Effects in Ordinary Language', *Analysis*, 63, 190–3.
34. 但是这里稍微有点区别：当你出于愤怒而做坏事时，看起来像是被扭曲的情绪冲昏了头脑；当你出于同情而做好事时，看起来却像真实的自己。这似乎与所谓诺布效应截然相反。
35. Joshua Greene, *Moral Tribes: Emotion, Reason and the Gap Between Us and Them* (New York, 2013), 70.
36. Paul Bloom, *Against Empathy: The Case for Rational Compassion* (New York, 2016), 9.
37. *Stanford Encyclopedia of Philospohy,* 'Moral Psychology: Empirical

Approaches', 19 April 2006, https://plato.stanford.edu/entries/moral-psych-emp/.

38. 我们应当注意情境功利主义和规则功利主义的区别。情境功利主义会导致更加狭隘的评判：如果某种行为本身能够给更多的人带来更大的福祉，那么它在道德上就是正当的；规则功利主义则要求行为符合特定的规则，而后者本身就意味着给最多的人带来最大的福祉。

39. Haidt, *The Righteous Mind,* 71.

40. 同上，71。

41. Sandra L. Schneider and James Shanteau (eds), *Emerging Perspectives on Judgment and Decision Research* (Cambridge, 2003), 438–9.

42. 根据观众和接受对象的不同组合，休谟总结出了四类不可再分的美德：（1）对他人有用的品质，包括仁善、温顺、慈爱、公正、忠诚和诚实；（2）对自己有用的品质，包括勤奋、毅力和耐心；（3）立即为他人接受的品质，包括风趣、雄辩和干净以及（4）立即为自己接受的品质，包括幽默、自尊和骄傲。在休谟看来，最具道德意义的品质和行为似乎可以同时从属于多个类别。

	有用	可接受
对自己而言	勤奋	骄傲、自尊
对他人而言	仁善	风趣、干净

43. 理性在很大程度上并非道德评判的基础，所以就算康德告诉我们哪怕真相伤人也要对朋友如实相告，抑或边沁提醒我们少花点时间和自己的孩子相处，以便造福众多素未谋面的苦孩子，我们也只能对他们的逻辑表示赞赏，但直觉仍然与之相悖。

44. Haidt, *The Righteous Mind,* (London, 2012), 63.

45. Haidt, *The Happiness Hypothesis,* (London, 2006).

第四章

1. 多年之后我才认识到原著和电影中暗含的殖民主义和种族主义论调。

2. William Shakespeare, *The Tragedy of King Lear,* Act III. Scene IV, 113–15.
3. 电影《荒野生存》（*Into the Wild*）便很好地展现了一个人对摆脱人类文明束缚，追求梭罗式自给自足生活的渴望。
4. Mark Rowlands, *The Philosopher and the Wolf: Lessons from the Wild on Love, Death and Happiness* (London, 2009), 86.
5. John Tooby, Edge 2017 Question 'Coalitional Psychology', https://www.edge.org/response-detail/27168.
6. 邓巴（Dunbar）解释说"如果你碰巧在酒吧遇到熟人，这个数字是你不会因为不请自来而感到尴尬的人数"。
7. Jonathan Haidt, *The Righteous Mind,* (London, 2012), 76.
8. Clifford Geertz, *The Interpretation of Cultures,* (New York, 1973), 33.
9. Ludwig Wittgenstein, *Philosophical Investigations,* (Oxford, 1998), 223.
10. Stendhal, *Intimate Works,* 转引自 Jon Elster, *Sour Grapes: Studies in the Subversion of Reality*, (Cambridge, 1985).
11. 菲利普·里夫（Philip Rieff）在《治疗的胜利》（*Triumph of the Therapeutic*）中说弗洛伊德让天才变得平民化了。
12. 约翰·戈特曼（John Gottman）说，在一段关系中需要五次积极互动才能弥补一次消极互动。
13. 这其实是菲利普·罗斯对自己的浅显影射。不仅如此，他在自己的好几部小说里都"客串"过。
14. 后来我才意识到，一个半约旦半爱尔兰人点评一个犹太裔小说家写的黑人假装白人的故事，难免会有一知半解和无心怠慢之嫌。不过，这也正好与我想在书中彰显的主题相呼应。
15. 奇玛曼达·阿迪契（Chimimanda Adichie）在她的小说《美国佬》（*Americanah*）中反复将头发作为一种可以让黑人边缘化的标记来呈现。
16. Friedrich Nietzsche, (New York, 1974) [1882] *The Gay Science,* 310.
17. 在第 51 页，此处是人类变成动物并像奶牛一样融入他们的世界。从第 47 页到第 52 页，我们看到了非常贴切的描写，就像哈代笔下德伯维尔家的苔丝穿过挤奶场寻找腐坏的大蒜，在她身后拖着蓟汁和鼻涕虫的黏液。

第五章

1. Emine Saner, 'Mitch Winehouse on Amy the Film', *The Guardian* (1 May 2015), www.theguardian.com/music/2015/may/01/mitch-winehouse-interview-amy-documentary-film.
2. Dan P. McAdams, The Art and Science of Personality Development (Guildford, 2015).
3. 这些关于特朗普的素描原本出自麦克亚当斯（McAdams）发表于《大西洋月刊》（*Atlantic*）上的文章，此处的内容则转引自《卫报》（*Guardian*）上一篇评论文对其的概述。（Dan P. McAdams, 'A Psychological Trap: Making Sense of Donald Trump's Life and Personality', *The Guardian*[5 August 2016], www.theguardian.com/us-news/2016/aug/05/donald-trump-psychology-personality-republicans-election.）
4. 当你把第三章讨论的那些自由主义怪人的人生塑造性故事和那些更加保守者的版本进行对比时，你就会明白这是怎么回事了：当被要求详细描述自我定义的人生叙事中最重要的时刻时，保守派讲述的故事是权威执行严格的规则，主人公渐渐认识到自律和个人责任的价值；而自由派则回忆自传式的场景，主角在其中培养同理心，并学会向新人和外来观点敞开心扉。当被问及自己的宗教信仰和道德信念从何而来时，保守派强调对权威的尊重、对自己团体的忠诚和自我的纯洁；而自由派则强调他们对人类苦难和社会公平的深切感受。D.P.M. McAdams et al. (2008), 'Family Metaphors and Moral Intuitions: How Conservatives and Liberals Narrate Their Lives', *Journal of Personality and Social Psychology* (95), 978.
5. Christopher Booker, *The Seven Basic Plots: Why We Tell Stories* (London, 2004). 此公竟然批评伟大的名作与他的基本情节契合得不够好，在我看来，似乎有些不自量力。
6. 虽然他的书名叫《七种基本情节》，而且这七种基本情节构成了该书第一部分的整体结构，但后来他又补充了两种情节。其一是“反抗‘一尊’”：主人公对抗一股强大的敌对势力，最终不敌；其二是“谜案”：某人无意中卷入一桩可怕的未知事件，不得不弄清原委。
7. Alasdair MacIntyre, *After Virtue: A Study in Moral Theory* (London, 1985).

8. Wittgenstein, *The Brown Book* (Oxford, 1958), 87.
9. 当然，有些讣告是死者自己写的。一位讣告编辑说，那种由当事人自己写的讣告总是很好辨认，因为它们倒数第二段的内容往往是“他们诸多成就中被忽视的一个领域”。
10. 不过，颇能说明问题的是，为了避免在过往的观者眼里过于直白，斯派克·米利甘（Spike Milligan）的那句讣告“我不是说过我病了吗”是用盖尔语写的。可见我们并不认为死亡是一件可笑的事情，而说爱尔兰语的人大概被认为在哲学上更有弹性吧。
11. James Wood, *The Nearest Thing to Life* (London, 2015), 19.
12. Alexander Nehamas, *On Friendship* (New York, 2016), 125.
13. 这个比喻是作家兼技术理论家汤姆·查特菲尔德（Tom Chatfield）告诉我的。
14. Julian Baggini, *The Ego Trick: What Does It Mean To Be You?* (London, 2012).
15. William Shakespeare, *Macbeth*, Act V. Scene V, lines 24–28.
16. James Wood, *The Nearest Thing to Life* (London, 2015), 53.

索 引

Index

斜体数字表示图表所在的页数，字母“n”后面的数字表示尾注的编号。
本索引所示页码为原书页码，即本书边码。

评头论足：
误解的价值所在

[英] 齐亚德·马尔 著
陈宇飞 译

图书在版编目（CIP）数据

评头论足：误解的价值所在 / (英) 齐亚德·马尔著；陈宇飞译. -- 北京：北京燕山出版社，2021.6
书名原文：Judged:The Value of Being Misunderstood
ISBN 978-7-5402-6110-8

Ⅰ. ①评… Ⅱ. ①齐… ②陈… Ⅲ. ①社会心理学 Ⅳ. ①C912.6-0

中国版本图书馆CIP数据核字(2021)第126336号

Judged

by Ziyad Marar

First published 2018

北京市版权局著作权合同登记号 图字：01-2021-2225号

策划出品	悦悦图书	策 划 人	罗 红
统 筹	沈 芊 周媛媛	特约编辑	刘凤至 胡元曜 陈昕言
设计排版	聂 宝 杨 奕		

悦阅 YUEYUE

责任编辑	刘占凤 任 臻
出 版	北京燕山出版社有限公司
社 址	北京市丰台区东铁匠营苇子坑 138 号嘉城商务中心 C 座
邮 编	100079
电话传真	86-10-65240430（总编室）
印 刷	江阴金马印刷有限公司
开 本	889 毫米 ×1240毫米 1/32
字 数	160 千字
印 张	8.75 印张
版 次	2021 年 8月第 1 版
印 次	2021 年 8月第 1 次印刷
书 号	ISBN 978-7-5402-6110-8
定 价	48.00 元

关注悦悦图书

本书若有质量问题，请与悦悦图书联系调换
电话：(021) 6525 3309